解

# 厲害的人如何學

## 用最小輸入讓效果極大化的
## 40個最高學習法

百萬學員追隨的學習導師

**山崎拓巳**

suncolor
三采文化

# 「努力必有回報！」

多棒的一句話啊。
可是……
事實真是如此嗎？

山崎玩具
橋田遙如願進入第一志願的玩具製造商公司。
入社第六年，終於如願調到企劃部！
雖然等得有點久……
哈哈哈
現在開始就可以製作自己喜歡的玩具了。
驚
什麼！你才剛調過來，企劃案就過了!?

難道是我的企劃案!?
Majikaru ☆ Masako
商品案
1. 機器人鉛筆
2. 原子筆
我……會不會太厲害了。
木村！恭喜你了！
啊！
是那個人
是因為前輩們的教導，我才能成功！
下次想以小女生為對象設計企劃案，請前輩多多指教。
真拿你沒辦法！
那麼，我拿資料給你參考！
木村直樹
那個木村是跟我同時調來企劃部的，他進公司才三年!?
太厲害了！年資還少我三年，就那麼厲害！
嗚嗚嗚嗚
不行
不行
我絕對不能輸！
嗚嗚嗚嗚嗚
絕對要讓企劃案通過。

垂頭喪氣
全部沒通過!!!
那個企劃案也過了嗎？真的很厲害！
謝謝。
木村的企劃案又過了！
這個地方，希望前輩指導一下。
真拿你沒輒啊！
…
緊握
我明明年資比他久，也仔細做過市場調查和競合分析。
他只會討好前輩而已。
咦？那個企劃影片是你的靈感來源嗎？
不能算是靈感來源吧。
不過，我有把感興趣的文章或影片存下來的習慣。

每次看影片，都會做好幾頁的筆記。
滿滿的紀錄
哇，真認真！
這些東西是你利用私人時間整理的吧？
是啊！因為做起來很開心，也就不在意是工作或私事了。
嘿～！
竟然用玩樂的心態工作……
焦慮……
無用的企劃資料
我都這麼努力了，卻諸事不順。
橋田。
…！
是！
上次你交的企劃案，
喀噠
終於通過了!!

有些地方需要修改，去請教一下木村吧。
他很懂得製作好企劃的方法。
什麼……？
我該怎麼做，
才能像木村那麼厲害？

在你身邊有沒有像木村這樣的人呢？

跟旁人比起來，他看起來不是特別努力或認真。
但是不知為什麼，工作表現就是非常好，
連上司都對他讚賞與疼愛有加。
而且，這類型的人總是能夠不停地輸入新知，
永遠走在眾人前面。
這樣的人，到底是哪裡異於常人呢？

其實最大的關鍵就是，

**學習方法不一樣！**

如果努力程度相同，懂得正確學習方法的人總能略勝一籌！
本書將傳授各位「正確學習法」的祕辛。

前言

# 學習，才能描繪美好的未來

## ■知道學習祕辛的那一天

我是在國中練習跨欄賽跑的那一天，發現了**學習的祕辛**。當時我練習的是一百一十公尺的跨欄，一百一十公尺的跑道上擺了十座跨欄。那次在三重縣選手選拔訓練營中，有機會跟那位知名教練交談。

「山崎，對你來說，跨欄賽跑的定義是什麼？」

教練突然這麼問我，我就回答：「零失誤的順利跨越每個跨欄的比賽。」

教練聽了我的回答，對我說：「**跨欄賽跑並不是要選手擺出美麗姿勢跨越障礙的競賽，而是講究如何在跨欄之間快跑的競賽。**」

我聽到教練這麼說，馬上問他：「咦，這是什麼意思？」

因為一直以來我都在想要如何美美地、順利地跨越障礙欄。可是，當我意

**識到這句忠告的真義時，那一刻我的驚訝更加深了。**

「咦——————！」

就算只有十秒鐘的忠告，對我而言卻是一次讓人大為震懾的體驗。

**「知道與不知道箇中的真義，竟然有如此大的差異！」**

有在學習的人會比沒有學習的人更快且更有效率地抵達終點，得到他想要的答案。**學習，真是美好的事啊！**這就是我對學習的第一次親身體驗。

## ■學習是成功的根本

大家好，我是山崎拓巳。所有翻閱我的著作的朋友們，大家久違了。由日本Kanki出版社出版的《超級！》系列，第一本是《連卡內基也佩服的7堂超溫暖說話課》（台灣大樂文化出版）、第二本是《超級賺錢術》（台灣未出版），這次將推出第三本書，主題是學習。

前兩本的主題，是我的擅長領域，我非常有自信能幫助到各位。至於這次的主題是學習，換言之就是我的說話術及賺錢術的根本！如果沒有學習，就沒有今日的我。因為我不懈怠的學習，讓我的著作累計銷售突破一百五十萬本。此外，到目前為止聽過我的演講或課程的人數也超過兩百萬人。**也就是說，我已經向三百五十萬人傳達我的學習成果**。

「鐵血宰相」俾斯麥（Otto von Bismarck）說過：**「愚者向經驗學習，賢者向歷史學習。」**愚者只懂從自我經驗中學習，所以做任何事都要花很長的時間。可是，賢者會把別人的經驗變成自己的東西，**做事總是很有效率，也能持續有效學習**。

你所學習的領域會讓你有個性上的轉變。尤其在瞬息萬變的現代，保持學習心態，經常自我更新是非常重要的。**被冠上成功人士稱號的人，無一人例外都是時刻保持著學習的態度**。而且，他們**一直持續在做學習這件事！**

這是斬釘截鐵的事實。對成功者而言，學習是理所當然，因為透過學習能知道眾人不知道的祕密。就算有人沒有經歷學習的過程而成功，但是他的成功絕對無法長久。因為，**學習是通往成功大道的必備條件**。

## 重點不在於用功讀書，而是學習！

首先我要聲明，**這本書並非所謂的學習教科書**。就算你可以為了考取高分認真努力用功讀書，但是如果不懂真正的學習本質，出社會後，很有可能會像前面漫畫中的主角那樣，老是問自己「怎麼會這樣……」、「我該怎麼做才好……」。

在學生時期，大家都會下定決心好好讀書，背誦能力強的孩子或原本天資聰穎的孩子總是能考得高分，聯絡簿的分數永遠都是最高分。

可是，這些學業成績優異的人出社會以後，不見得能夠表現得優秀，這是一個耐人尋味的問題。一旦怠於學習，有一天你會發現以前成績比自己差的那個人早已經超越你了。在現實生活中，這類龜兔賽跑的故事是屢見不鮮。因此，重點不在於用功讀書，而是學習！

為何在學生時期被要求用功讀書學習，都無法讓人有絲毫喜悅呢？另一方面，**成為大人後的學習，遠比用功讀書學習開心多了**。因為透過學習能讓工作順利，傳達學習成果能讓人擁有幸福，挑戰學習的事物，還能讓你有收入！所以學習是不可或缺的。

不過，約有八成的人出社會以後，就停止學習了。我認為導致這種狀況的原因之一就是，**不習慣自己設定目標**。學生時代的目標明確，是**社會或雙親所賦予你的目標**。成為社會人士後，要接受公司的管理，依照公司既定的規則行事、學習，但是其他方面的進步就完全停止了。

**因為能夠學習的人，會自己設定目標**；無法自己設定目標的人，學習的範圍就不明確，不曉得該做什麼事，於是就什麼都不學了。有八成的人都陷入這樣的情境裡。那麼，不學習會是什麼後果呢？

當我出社會後，接觸了身邊許多優秀的人之後，才驚訝自己原來是如此無知啊。我欠缺的不是學校教的東西，而是更深更廣的教養與知識。因此，**成為社會人的我，所需要的學習就是自我教養的磨練**。

這是為了讓自己無所不知，填補缺口的作業。因為那時候我已經找到「要像前輩們一樣優秀！」的明確目標，這個目標就成為我的學習動機。

然而，後來我才發現在努力的過程中，**透過學習所磨練出的教養正是讓我提升人性魅力，擁有成功，吸引別人的能量**。而且，只要抓到學習的訣竅，在挑戰新領域的事物時，也能輕鬆學習。只要掌握方法和竅門，然後持續實踐，世界就會變得無限寬廣。

本書將傳授各位以最少的努力，就能發揮極大效果的學習法則。我會告訴各位我正在實踐的**輸入法與媒介**，**還有輸出的應用方法及效果**。

此外，為了讓各位可以從明天就開始學習，書中也會介紹我平常使用的筆、筆記本和平板電腦等工具，以及 Evernote 記事軟體、Pinterest 軟體等的網路雲端服務的活用方法。另外，在各章節卷末的專欄中會介紹我的學習體驗，希望對各位的學習有所幫助。

學習是為了勾勒未來美好藍圖，讓你擁有的人生彩度越來越多樣化的行為。**要從自我探索升級為自我磨練**，**學習是與未來的約定，也是通往未來的護照！**如果這本書能對你勾勒美好未來藍圖有所幫助，我會覺得無比榮幸。

二〇一九年五月 山崎拓巳

※本書內容是以二〇一九年五月一四日當時的資訊為依據。

# 目錄



## 第1章 學習的正確方法

## 第2章 自學不踩雷！媒體和學習管道的多元運用

## 第3章 認識學習的本質

# 第4章 讓輸出極大化的輸入法（傳統媒介編）

## 第5章 讓輸出極大化的輸入法（數位媒介編）



## 第6章 會輸出，才是會學習

第 1 章

# HOW TO LEARN

# 學習的正確方法

首先，第一章的主題是正確學習。想以最小的努力獲得最大成效的人，建議採取「向人學習」的方法。向人學習是有竅門的，知不知道這個學習法的竅門，不僅會對未來造成巨大影響，可能還會出現意想不到的結果。請務必善加利用！

1 HOW TO LEARN

# 向知道答案的人學習

如同我在前言中提過的，我在國中時期，因為跨欄賽跑名教練的一句建議，瞬間提高我的記錄。因為這次的經驗，讓我領悟一個道理：「與其自己繞遠路，不如直接請教已經知道答案的人，才能讓自己早日達成目標。」

那時候的我非常努力，然而光靠努力，**不代表就能輕易找到我要的答案**。搞不好「要花很多時間才能達到目標」或者「沒有達到目標就放棄了」，我強烈覺得很有可能會是這樣的結果。

繞了許多遠路，還沒辦法達到目標，這時候一定會覺得不甘心。可是，許多人還是相信「努力不會背叛你！」或是給自己一個下台階，對自己說：「那些優秀的人跟我不一樣，能力就是比較強！」所以，**向已經知道答案的人請教，知道答案後再努力的話，這份努力會創造出好幾十倍的效果！**

可是，那個知道答案的人，有可能一直不肯告訴你答案。這是我在高中時期，練習四百公尺跨欄賽跑時發生的事。當時有一位是四百公尺跨欄賽的現役選手，他同時也是一名國中老師，以前是奧運選手。我一直很想請教這位老師：「要如何才能變得更厲害？」

這裡我先針對四百公尺跨欄賽稍做說明，這是一項深奧的運動競賽，需要好好動腦思考，不是逞強或求快就行。比方說，你要經常思考：「跨欄與跨欄之間該跑幾步才會最快？」、「無法用另一隻腳起跳的人，跑步的時候該如何調整步數呢？」、「順風跑和逆風跑的差異是什麼？」等等的問題。這個競賽項目看似簡單，其實是一項需要高超技巧的競賽。

因此，當時的我有許多事想請教這位老師。可是，就算我一再請教，這位老師還是不肯教我。他說：「我們同樣都是三重縣的選手，你是我的對手，我不能教你。」聽他這麼說，一方面很開心他把我當成對手，另一方面又很希望他能傳授我祕訣，當時的心情真是複雜。

**當對方惜字如金，不願意告訴你答案時，你更要展現出熱誠**。然後對方會這麼想：「唉，他都表現得如此有誠意，就告訴他一點吧。」**越是深入鑽研的**

**達人，看到努力認真的人，就會覺得這個年輕人很可愛，很想幫他一把。**

就在我不斷要求他教我之後，終於有了新進展，他告訴我：「如果你願意的話可以和我教的國中生們一起練，不過，我還是不會教你的。」

我很開心地說：「我當然願意，請讓我跟他們一起練習。」於是，每逢休假的時候，我一定到他任教的國中跟大家一起練習。後來，我又試著要求他：「老師，今天請讓我在你家過夜。」於是，我這樣就**投入了指導者的懷抱**。

雖然老師驚訝地說：「你要來我家過夜？」但最後他還是答應了：「好吧……」然後，某天練習結束後，我又對老師說：「老師，今天也請讓我在你家過夜。」老師無奈地回答我：「你又要來我家？」

就這樣，在我第七次在老師家過夜時，那天晚上我正準備入睡，老師忽然打開電燈對我說：「**山崎同學，我只給你一小時。**」太棒了，老師終於答應了。

只有一個小時，可要好好把握，我把所有的疑問全部提出來。老師以淺顯易懂的話語針對我的問題逐一解答，這裡我舉一個當時的提問與大家分享。

當時我是從一百公尺跨欄轉換跑道，成為四百公尺跨欄賽跑選手，進入後半賽程時，就會體力不濟，甚感困擾。所以我就問了這個問題，「怎麼做才不會到了後半賽程時體力不濟？」

當時老師給了我非常明確的答案，「後半賽程時要燃燒消耗的是，在前半賽程時吸入的空氣。」

「燃燒消耗吸入的空氣？」

「一百公尺跨欄屬於無氧運動。可是，四百公尺跨欄是有氧運動。如果前半賽程憋氣的話，到了後半賽程體內就沒有可以燃燒的氧氣，就會覺得體力不濟。因此，前半賽程時要提醒自己吸飽氧氣，再於後半賽程燃燒這些空氣。」

那一刻，我整個人恍然大悟。「原來是這樣啊！一百公尺跨欄賽跑要無呼吸跑步，乃是在比賽前就要將體內氧氣全部燃燒完畢的競賽。四百公尺跨欄是在後半賽程時，要把比賽時吸入的氧氣燃燒消耗的競賽。」

我終於問到答案了！終於懂了，完全明白！**像這種訣竅，如果沒有開口請教別人，你永遠都不會知道**。

此外，在短短的一個小時裡，老師他傳授了我許多就算我花一輩子的時間也學不到的技巧。

我邊聽邊對老師說：「老師，這個不是非常重要嗎？」老師笑著回答我：

「是啊，所以我才說不想告訴你啊！」

對於答案惜字如金的人，就是真正知道好方法的人。只要你抱持熱情與誠意，堅持打入他的生活圈，他會主動告訴你方法。

1

最高學習法

**直接請教知道答案的人，事半功倍。**

## 向知道答案的人學習

請教已經
知道答案的人
才是捷徑！
優秀的人
跟自己不一樣，
而且能力也不同！
可是，努力絕對
不會辜負你！
累積許多專業知識，
知道答案的人
我不告訴你！
拜託你！
總之就是要
展現誠意。
打入對方的
生活圈。
真拿你沒辦法，
敗給你了。
其實，
就是這樣……
所以我才
不想告訴
你啊……
終於上門了～
好事
POWER UP!
快速進步！

2 HOW TO LEARN

# 不要做無謂的努力

當你聽到升學考試這幾個字時，腦海裡會浮現什麼樣的景象呢？應該會想起補習班裡頭上綁著寫有「必勝」、「絕對合格」等字的頭巾，埋頭苦幹讀書的學生模樣，或是在通勤的車廂內翻開英語單字手冊，認真背單字的畫面吧。

這種場景正是填鴨式教育的寫照。不過，不管怎麼想，這種填鴨式教育絕對不會是，盡最小努力就能獲得最大成效的學習方法。**填鴨式教育是一種被迫式的努力，朝著錯誤的目標方向付出大量努力，最後就是徒勞無功**（方向錯誤的努力＝估計錯誤的努力）。

我因為家庭的關係，加上一直練習田徑比賽，所以並沒有上補習班的經驗。高中時期，就算要參加大學的升學考試，也沒有補習過。

不過，我倒是有過四小時的類似上補習班的經驗，**託這四小時之福，成績突飛猛進**。換句話說，我**因為這四小時，成功把無謂的努力轉換為有效率的學**

**習成果**。

當時我住在三重縣的一個小村莊裡，準備考大學。在這樣的小村莊裡，出了一位考取東京大學的人物，這可是名震全村的大事件（笑）。

有一天，我聽到同班同學說：「暑假的時候，要去找那個人上課。」當我隨口向母親提起這件事時，她問我：「你也想去上課嗎？」看來母親對於我明年就要參加大學升學考試，卻沒有錢讓我上補習班這件事還是有點介懷。

當時我已經明白既然要學習，請教已經知道答案的人，是最佳捷徑。不用等到母親問我，我早就對這件事感興趣。可是，那名東大生的速成班學費太貴了。暑假期間一週上一次課，一次是兩個小時，收費一萬日圓。全部的課程是四次，合計四萬日圓。

四十年前的四萬日圓，換算成現在的幣值，是一筆不小的費用。而且我當時還有社團活動，上課時間跟比賽時間重疊，全部四次的課程我只能參加兩次。儘管如此，對方也不願折扣，他說：「兩個小時上兩次，合計是四個小時，費用剛好就是四萬日圓。」

不過，最後我還是聽母親的話，報名了速成班。因為**向賢者學習，就是絕**

佳的機會，後來也證明我當時的選擇沒錯。那位老師知道我只能上兩次課時，他這麼對我說：「只上四個小時的課，成績不可能會進步。所以，山崎同學，我會用這四個小時傳授**適合你的讀書方法**。」

他**不是教我功課，而是傳授我讀書方法**，這個做法真的太棒了，同時也讓我恍然大悟。所以，當我告訴老師想考的學校及難易度後，他馬上這樣回答。

**「你就做藍標的例題和應用題，紅標的部分不用做。」**

當時有統稱為「藍標」和「紅標」的升學參考書，就像老師說的，把重點集中在參考書裡的藍標例題和應用題，若出現相同類型的問題，全部做答即可。然後，難度比藍標高的紅標題就不用做。因為老師的這番話，讓我領悟到**讀書是有竅門（攻略法）的！**眾多題目中有不用做答和可以放棄的題目。

一般來說，測驗是由「解不開的問題（A）」和「解得開的問題（B）」，以及位居中間「如果能解開就好的問題（C）」這三層所組成的試題，能輕鬆應試的人，就代表A到C的問題全部都能解答。

落榜的人就是只能解答A、B、C中的C類問題，但是無法解答B類問題。而在合格與不合格之間遊走的人是能解答C類問題，B類問題是模糊不懂。所以想要合格的人，就要解答B類和C類的問題。

我知道自己只要不粗心，B類的問題都能解開。在我明白這個道理之前，每逢出題範圍固定的期中考或期末考，我都是臨時抱佛腳，仰賴短期記憶，花一個晚上的時間K書，通常都能及格，分數也不錯。可是，這樣的我並不算真的有把上課所學的都記住，只要是模擬考或實力測驗時，我就完全不行，考試分數很差。

因為**那時候的我，根本不懂所謂的讀書方法**。我背英語單字都是從A字母開始背，當然容易半途而廢（笑）。

學校會傳授學業給我們，但是並不會傳授讀書方法，補習班才會傳授讀書的訣竅和解題祕技。

我沒上過補習班，也不是個會念書的孩子，一直認為如果無法解答所有題目，就不要參加考試。因此，才會覺得升學考試非常可怕。

但是我因為聽了這位老師的話，將目標集中在該做的題目上面，讓我不用朝錯誤方向付出無謂的努力，成功考上我所志願的學校。

**重點不是擺在學業上，而是讀書方法**，請各位試著改變觀念。請一定要記住這句話。

最高學習法 2

**對讀書方法產生興趣，然後再學習。**

## ■ 成功學習的攻略法

「向賢者學習」
就是絕佳的機會。

不是教功課，
而是傳授讀書方法。

也傳授了每種題型的
讀書訣竅。

目標集中在該做的事上，

不要朝錯誤的方向努力。

### ▶ 大學考題的攻略法

| 測驗的三層結構 | 輕鬆通過測驗的人 | 合格機率高的人 | 遊走合格邊緣的人 | 落榜的人 |
|---|---|---|---|---|
| A 解不開的問題 | ○ | × | × | × |
| B 如果能解開就好的問題 | ○ | ○ | △ | × |
| C 解得開的問題 | ○ | ○ | ○ | ○ |

合格機率高的人＝B 類型和 C 類型的題目都會解開的人。

解不解得開 A 類型的題目，跟能否合格無關！

結論

★能夠確實解答 B 類型的問題，就一定能合格！

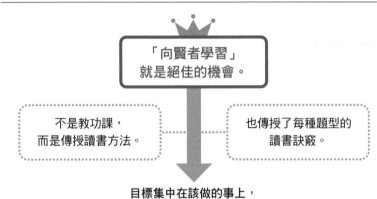

3 HOW TO LEARN

# 重新檢視學習意義

當你在學習某項事物時，要問自己：「我現在為什麼要學這個呢？」不清楚學習的意義和目的，就算學了，也永遠學不會。好比學校的英語課，不清楚學習意義與目的，不可能上過課就能流利的進行英語對話。

不過，如果有了半年後要調職到紐約，或是想交個外國女朋友這類**明確的學習理由，很神奇地就會得到真正的學習成效**。

跟大家聊聊我的故事吧！念大學時我參加了田徑社，繼續高中時期的四百公尺跨欄賽跑。田徑社在練習時，也努力引進了許多讓比賽勝利的理論和方法。對於學長推薦的練習項目，如果找不到值得做的理由，我就無法接受並照做，事實上我根本也沒採納這些方法。

那時候我就認為，硬逼自己去做不認同、不喜歡的事是毫無意義的。那時候有些學長的態度讓人很無言，會以威嚇的語氣說：「總之，照我說的去做就對了！」不過，我還是無法認同。當時的我認為自己沒有能力反駁學長的話，而且我發現連學長自己也不知道練習的真正意義。

就算對他說：「為什麼要練習那個東西？我覺得沒意義。」學長還是以強硬的態度回我：「為什麼你不聽我的話？」所以，當時的我都是一個人孤軍奮戰，獨自練習。

即便到了現在，我還是認為選手有兩種，一種人是被迫練習，另一種是真正在練習。被迫練習的人不懂練習的理論效用及真正用義，只是默默不斷地練習，能做到這個程度，我覺得這種人也很厲害。

可是，如果努力練習卻沒有成果，就是徒勞無功。學習或工作也是一樣的道理，用盡心思卻沒有成果，努力等於泡影。**如果清楚知道自己為何而學，自然就會充滿幹勁，也會有自己的想法，更能選擇是否要繼續學習。**

我在前面提過：「向知道答案的人學習，就能避免朝錯誤方向付出無謂的努力。」不過，**在聽知道答案的人說明時，還要向他問清楚理由。知道理由，就能明白箇中道理，還能將那個人想出來的方法再度發揚光大。**

當你這麼做時，你跟那些不會請教的人，或是不清楚學習理由，就一味無效學習的人之間就會出現明顯的差距。

說到這裡，讓我想起大學時期曾發生這樣的事。當時的筑波大學採用最先進的科技來訓練田徑選手。我想去筑波大學學習各種尖端的運動科技，可惜當時我很窮。於是，我向田徑社的人提出了這樣的方案。

「我想去最先進的筑波大學見習，各位可不可以贊助我？我當然會把所學的跟大家分享，所以我希望大家幫我出交通費，可以嗎？」當我提出這個方案時，大家的反應都很冷淡。還有人說：「為什麼你去，還要我們出錢？」當時我真的是打從心底感到絕望。不過，最後我還是籌到錢，成功去筑波大學見習。當時學得的知識和方法，迄今對我的工作和人生都有莫大的助益。

我想告訴各位：「請教知道答案的人，就能知道箇中理由，才算全面理解，學習時就能事半功倍。」希望大家都可以試著這麼做。

## ■ 重新檢視學習意義

**不清楚學習意義**
**及理由時**

▶ 不清楚意義及目的何在，只是盲目學習……

➡ ●不僅零效率，更是徒勞無功
●永遠都學不會

**清楚學習意義**
**及理由時**

▶ 清楚學習理由…

➡ ●努力不白費，還能高效率
●輕鬆就學會！

**清楚學習理由，可以讓效果翻倍成長！**

4 HOW TO LEARN

# 找出有深度情報力的關鍵人物

人生會因為某個邂逅而有重大轉變。你每天都會遇見讓你覺得，「為什麼這個人可以這麼厲害？」的人。你是否曾經有過一次停下腳步向他請教呢？這個人就是有深度情報力的人。

**如果你有一份賢者名單，那麼這份名單就是你珍貴的財產**。也可能碰巧這些厲害的人擅長的領域不是你所需要的，或是你也不曉得他們擅長什麼。但是對於要尋找這些情報或是渴望認識這樣的人來說，你的這份賢者名單就是一份奇蹟名單。

請把自己當成賢者吸引器，幫自己定位。你一定會發現「這個人的接收天線很敏銳呢！」的人物，接下來就是定期跟這個人見面，隨時**更新自己所持有的情報**。

如果能維持每次見面都能彼此交換有利情報的關係，你一定能擁有豐富的人生。**結交這種關鍵人物的朋友或前輩，透過與具有上進心的人分享或討論情報，能確實加深你的學習深度。**

我在二十五歲時，結識了一名叫長友清的男子。他大我八歲，是位很有魅力的人。雖然我們見過好幾次面，但總是聊些表面的事，從未向彼此吐露真心話，卻因為某次的分析話題讓我們意氣相投，彼此談得相當開心融洽。

後來，我們常會聊「對於○○你有何看法？」、「你會如何分析那件事？」、「事情變成這樣了，你覺得接下來該如何做才好？」、「關於這件事，你認為選擇哪個答案才更有幫助？」之類的話題，我們就這樣分享彼此的觀點長達三十年的時間。

幾年前，他去了另外一個世界。雖然覺得遺憾，但我從不覺得他已離我遠去。即使現在，我依舊在內心繼續和他親密交談。因為我總是想：「如果是他，他一定會這麼說」、「如果是他，一定會給我這樣的建議」。我們兩個依舊在一起學習，互相分析、討論，然後整理出結論。我告訴自己：「這就是現階段的我們會有的結論。」

我現在持續在旅行，接受賢者的人生指引，並分析透過嘗試與錯誤的過程所累積的經驗，一直在尋找人生的真義。我很感激自己曾有這樣的朋友，迄今依舊繼續和他進行心靈對話。

當我拋出「當AI廣泛應用在社會時，往後的世界會變成怎樣？」的話題，對時事敏銳的朋友們在下次見面時，就會給我「關於你上次提出的話題，我想應該是會有那樣的改變吧！」的回應。在我拋出話題的那一秒，他們的天線就開始收集情報了。

我是在鄉下長大的孩子，從三重縣志摩市的國中畢業後，進入人口約有二十萬人的二級城市、松阪市的高中就讀。現在回想的話，松阪市其實只是個小城鎮，但對於剛從鄉下來，只有十五歲的我來說，簡直就是一座閃閃發光、什麼事都很新奇的大城市。我就讀的高中也有打扮與思想都很新潮的人物。當時我很仰慕綽號叫「狐狸」的田中同學。

田中同學身上穿戴的東西、發言，連言行舉止都跟我這位鄉下高中生大相逕庭，他真的很時髦，所以我很崇拜他，自然有許多問題想問他。「為什麼你會穿這樣的襪子？」、「你的書包是在哪裡買的？」、「你都在哪裡剪頭髮？」就像粉絲對偶像好奇那樣，問題很多。

**田中同學是我的老師，也是我的學習對象，更是我的情報來源。**在你身邊是否也有這樣的人呢？也許他現在就在你旁邊，**仔細觀察你的周遭，一定有能促進你學習深度的關鍵人物存在。**

4

最高學習法

## 跟擁有深度情報的人來往！

5 HOW TO LEARN

# 朋友會加速學習成效，減少時間浪費

我跟因電影《鑪場武士》（Tatara Samurai）而聞名的導演僅織良成先生見面時，說了這樣的話。當時我自言自語地說：「我，想拍電影。」錦織先生當場斬釘截鐵的對我說：「導演是生手也能勝任的工作。」

如果是燈光師、攝影師、音效師等工作，資深的人會比新手技術純熟，工作起來也會更順利，可是，導演不一樣。導演的工作就是要強烈表達自己的想法。這個強烈的想法並不會第二次就比第一次強大，也不會第一百次一定比第二次強大。重點就是，我深刻感受到對我這麼說的錦織導演的愛。一直以來，被灌輸「電影導演不是人人可以勝任」觀念的我，就在那一刻恍然大悟。

那麼，在這裡我想問各位一個問題。「**你想表達的強烈想法是什麼？**」，如果你的答案是「這個嘛，我還沒有找到。」那等於沒有回答。因為你過去未曾有過埋頭苦幹做一件事或深入研究某件事的經驗，就不會有想表達的東西，這代表你尚未擁有任何強烈的念頭。

人生苦短，虛度的光陰會成為你後悔未來的源頭。因此，請你一定要詳細了解自己。

**「什麼東西會吸引你？」**

**「什麼會感動你？」**

**「討厭什麼？」**

**「在探尋什麼？」**

**「恐懼什麼？」**

**「什麼會讓你感到開心？」**

人生就是一場認識自己的旅行。當你開始探索以上問題，就會遇見跟自己相似和相同想法的人。如果能遇見這樣的人，人生會變得精彩豐富。不是叫你去特意去尋找這樣的人，只要你深入自我探索，自然就能遇見這樣的人。當你遇見時，你就一定會知道，彼此會相知相惜。

我常說：**「要組成祕密戰隊五連者。」**，祕密戰隊五連者就是《超級戰隊系列》的首部特拍作品。假面超人是一個人孤軍奮戰，五連者則是五個人一起抗敵。五連者裡有火達人，也有水達人、力達人，每位成員都很厲害，各自有其專屬擅長的領域。

五位成員裡，沒有所謂的各項才能均衡發展的全能者，但是遠觀他們五位，看起來就是一支很協調的五人隊。沒錯，他們就是團體戰的達人！因為每個人都擁有發揮自我專長的技巧。

因此，當我覺得這個人很棒的時候，我就會向對方**提出一起吃飯的要求**。我實在太想知道這個人經歷了什麼樣的人生，才有今日的成就，也對他是因為何種機緣才這麼厲害的原因也十分好奇。更想了解需要哪些條件才能跟他一樣優秀，而且尋寶的心情會來到最高點，想從他的談話中尋找任何值得學習的蛛絲馬跡。

蘋果創辦人史蒂芬．賈柏斯（Steven Jobs）的大學演講，以及被稱為他的臨終演說的內容，都深深打動我的心。在孫正義先生的「跟祖母的關係」談話中，讓我知道「為什麼孫先生姓孫？」這個很棒的故事，每個故事都讓我感動到哭。

現在我們可以透過前所未有的便利管道學習任何東西，所以只是對有成就的優秀人士懷抱敬畏之心，學不到任何東西。因為那個人的生活經歷，才是值得學習的寶貴資產。

**「為什麼會想那麼做？」**
**「尊敬的人是誰？」**
**「想對誰表達感謝？」**
**「想取悅誰？」**
**「回顧以往，哪個時刻讓你印象深刻？」**

常常聽這些故事，就是一種不斷學習的模式。在學習的過程中，也會結交朋友，跟朋友一起學習，也是件開心的事。**共同學習可以更迅速簡單地得到加倍的學習效果。**

假設要學習寫作力，我們可以讓五位成員，每個人閱讀一本書後再辦一個

## ■ 朋友會加速學習成效，減少時間浪費

各自擁有專業才能的專家。

沒有一個人是全才，但是組合在一起，
就是一個全能的五人團隊。

團體戰達人！盡顯自我才能的技術

互相利用彼此的專長，借助彼此的能力，
就是一個最強大的團隊。

讀書發表會。每個人為了成功發表讀書心得，一定會仔細閱讀那本書，出席讀書發表後聽了其他四個人的讀書心得發表，也等於輸入了其他四名成員的重點精髓。

當你持續這樣的學習模式，你會發現「〇〇〇寫作能力佳」、「〇〇〇很會行銷」、「要賣東西就要找〇〇〇」、「〇〇〇點子多，就讓他想標題」，於是各領域的達人都會成為你的朋友。彼此一起學習成長，在關鍵時刻可以借助彼此的專業和能力，組成一支強大的團隊。

5

最高學習法

**擁有智慧，學習速度會加快；透過彼此互助，將能力巨大化。**

6 HOW TO LEARN

# 傾聽時抱持詼諧坦率的態度

當你與人交談時，請想像成這是在測試你的專注力。尤其是**與能力強的人交談時，可以透過彼此的閒談來測試對方的能力**。

他是否知道你拋出的時事話題？他如何評論？此外，當你提出他陌生的話題時，他會如何回應？這也是觀察重點。他是不懂裝懂？或是坦白對你說：「我不夠用功，你剛說的事情我不懂，請你詳述。」雖然這些都只是平常的對話，卻可以看出每個人的習性，也能看出一個人潛藏的實力。

這時候，**傾聽的態度尤其重要**。有的人會靜心聆聽，一直在輸入學習；也有人會給人這樣的感覺：「不管說什麼，這個人就是不行啦～」讓對方不想再繼續說下去。這時候你就該好好反省，自己是否抱持開放的心態在傾聽別人說的任何話。

自己發言時，雙眸炯炯有神而且神采飛揚，可是輪到別人發言時就雙眼無神，心不在焉的人，其實正在蒙受損失，而且也不會遇到人生的貴人。

請你重新審視自己，然後試著改變看看。**當對方說話時，坦然接受對方所說，並認為他說的都是對的**。對於對方說的話，不要築起一道牆，第一要務就是要保持心態開放。不要有先入為主的想法，抱持肯定認可的態度，傾聽對方說話。聽了以後不要囫圇吞棗，以自己的世界觀和價值觀重新整理對方的發言，讓自己全然接受。

於是，你就會有以下的想法，「很遺憾，我不是很認同這個人說的內容，不過，他說話時的節奏和態度很棒，我非常欣賞。」或者「整體聽來，並沒有讓我有共鳴感，但是這句話讓我聽了很震撼。」你會**主動地從對方的談話中挑出對自己有益的部分，再加以輸入**。

這是以前我學習棒球擊球技巧時發生的事，藤井教練看了我的擊球狀況後，給了我這樣的忠告。「拓巳同學，你只要在揮球的瞬間使力就好，而且要用丹田的力量擊球。」，聽了教練的建議後我說：「我知道。」就照教練指導的方式擊球，但始抓不到要領。

## ■ 傾聽時抱持詼諧坦率的態度

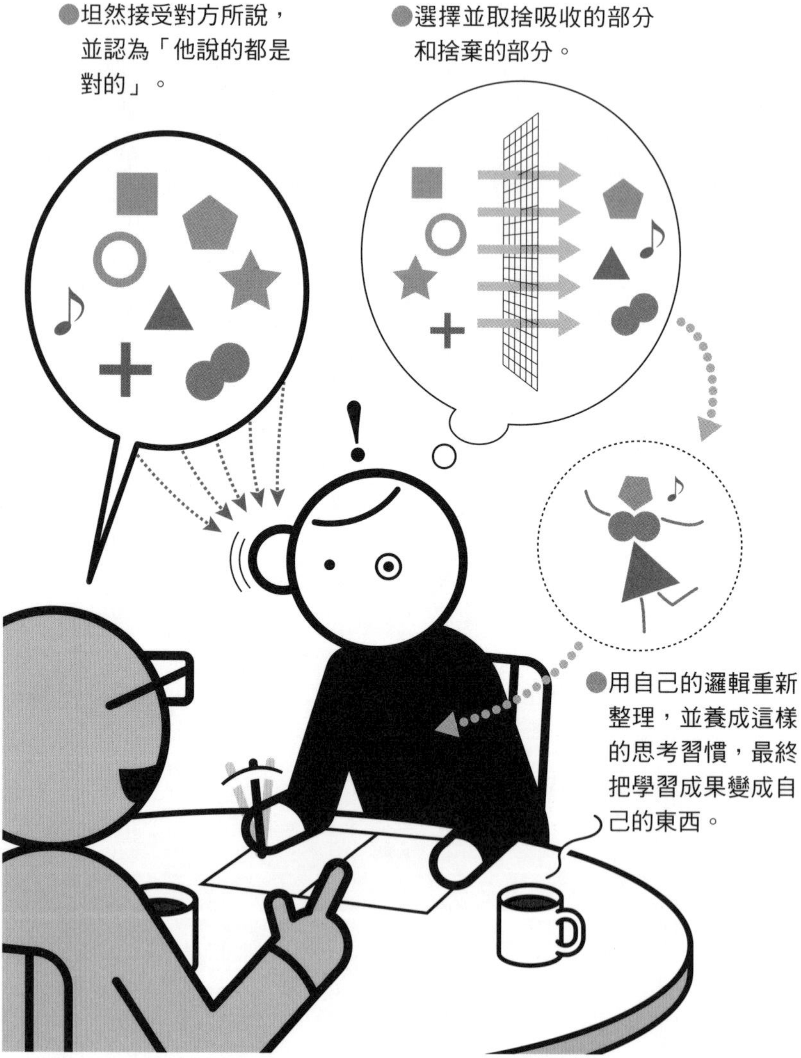
●坦然接受對方所說，並認為「他說的都是對的」。
●選擇並取捨吸收的部分和捨棄的部分。
●用自己的邏輯重新整理，並養成這樣的思考習慣，最終把學習成果變成自己的東西。

於是，教練又給了我這樣的建議。「拓巳同學，不要緊盯著投手看，只要有意無意地看著他就好。」當我想揮棒擊球時，覺得有股力量注入身體裡。教練為了讓我懂得如何放鬆，用最淺顯易懂的話語說明，告訴我「不要緊盯投手看，只要有意無意地看著他就好」。

我毫不猶豫地採納了教練的建議，用身體感受「有意無地看著投手」的感覺，以及「只有在揮棒擊球的瞬間丹田用力」的感受，結果揮棒落空。接下來，教練給我下一個建議，「只在球棒觸球的瞬間移轉視線，其餘時間就盯著球看，試著感覺看看。」

「我懂了！有意無意地看著投手，當球投過來時丹田用力，只在球棒觸到球的瞬間轉移視線，其餘時間緊盯著球看！」這麼一連串的動作以後，終於擊球成功了！那一刻是我第一次體會到「只有揮棒擊球時身體用力，用丹田的力量擊球」的意思。

我對教練說：「教練，您就是想教我這個訣竅嗎？」我足足花了一小時才抓到訣竅，教練卻稱讚我：「你很聰明，做得很好！」藤井教練，謝謝您。我能在比賽時擊出安打，全託這次的練習之福。

如上所述，外人以為的「打擊」跟內行人認知的「打擊」是有誤差的。如果沒有全心聆聽真正懂的人所說的話，就永遠無法掌握訣竅。準確抓到談話內容的重點，然後挑戰嘗試，並確認最終成果，檢視對方的建議和自己的認知是否一致。

**當你發現對方說到重點時，那份喜悅會特別讓人印象深刻**。學習這個名詞是源自於模仿，因為我們一直是透過模仿在學習，模仿別人所說的並學習。有位教練曾說：「**不論成功者給予任何忠告或建議，坦然接受就對了**。」反過來解釋，也可以說：「固執者離成功很遠。」；愛因斯坦也說：「**誠實是最大的智慧**。」

今天也要學習，才能超越昨天的自己，讓明天的自己更有智慧。

6

最高學習法

**傾聽時，需要百分百的誠實與信任！**

7 HOW TO LEARN

# 任何人都能成為學習的對象

我的朋友經常說：「拓巳，你是否覺得每個人都是你值得學習的對象，就算對方是剛進公司的新人，你也會向他學習？為什麼你會這麼想呢？」

我確實如他們所言。我從不在意學習對象的身分，剛出社會的新鮮人也好，即使只是大學生，都有值得學習之處。在聽他們說話時，我會以最專注的態度聆聽，如果有觸動內心的部分，我會當場記錄在筆記本裡。

我總是在想，**那個孩子搞不好會改變我的人生，成為我最佳學習祕訣的傳授者**。有的人認為地位比自己低或年紀比自己小的人所說的話，沒有值得學習的地方，所以不會仔細聽他們說話。有人會在對方發言時，會一直想：「他接下來要說什麼？」而變得心不在焉，沒有專心聽；也有人會抱持自傲的想法，想給對方建議。

**社會地位和年齡的高低，與學習本身毫無關係，任何一位認真生活的人都**

**擁有值得我們學習的訊息**。有時候年紀比自己小很多的年輕人，也會迸出足以改變人生的一句話。

這時候我會自我反省：「我是否不知不覺間變成保守消極的人？不可以這樣，我一定要再挑戰新事物才行！」讓自己的想法有莫大的改變。不要管對方的身分，當你這麼想：「搞不好這個人是上帝派來要扭轉我人生的貴人！」時，就會產生想傾聽對方說話的意願。

第一章的重點是以最小的努力獲得最高成效的學習法，也就是向人學習的方法。最後我想與各位分享如何偶然邂逅幸運的方法。

各位可能會覺得有點突兀，我在閱讀時間管理術的書籍時，很多書都會提到工作要從優先順序高的開始做。可是，我不認為這個方法是最好的

假設，你跟某位從事自由業的朋友相約碰面喝茶。應該有人認為這個約會不是重要約會，是優先順序低的事情吧。可是，也許這個人會帶給我意外的驚喜或機會。「我的表哥跟你很像，我想介紹他給你認識！」搞不好那個人會這樣告訴你，甚至介紹工作上的關鍵人物給你認識，帶給你一個大好機會。

最近我有這樣的體認，在我們累積各種經驗的過程中，也許會遇見大人物，讓我們的未來有了很大的改變。「來者不拒，逝者莫追」的想法，會讓我們的人生有跳躍式的改變。

因此，我的行事曆不會只記錄優先順序高的工作，我會**預留緩衝的空間和時間，一定要保留給可能會帶給自己偶然好運的貴人**。新的學習和機會，都要靠別人賜予。請不要吝嗇與人見面的時間，一定要做好能夠隨時召喚好運上門的準備。

7
最高學習法

**任何人都有值得學習之處，珍惜每次見面的機會！**

# 不知道「3+5=?」的少年

我念國一時，是一個不懂「3+5=?」是多少的少年。我也不怕大家笑，雖然我現在已是成年人，卻很怕朗讀書本。我原本打算繼承家業，所以念小學的時候並沒有認真學習漢字和筆劃順序。朗讀書籍時，因為許多漢字看不懂，真的比別人辛苦好幾倍。

可是，我卻非常擅長抓出書籍內容的重點，更擅長表達，可以簡單扼要地告訴別人一本書的重點為何，這也算是一項才能吧。

再回到「3+5=?」的話題，假設原本有三個東西，再多五個，然後再多兩個，一共是多少個的問題，這時候我想到的公式是：「3+5=8+2=10」。所以答案是10。雖然答對了，但是我想的公式卻怪怪的。如果是這個公式，代表「3+5」等於「10」。可是，當時的我並不了解「=」的意義。

國一暑假成績差的同學要去學校加強輔導，那時候老師就點出我的這個錯誤，他跟我說：「＝就是左右要一致的意思」。可是，我還是無法理解。還反駁說：「再加2的話，就是等於10啊！」我真是一位講不聽的國中生。

後來老師就跟我說明了大約一小時，我終於懂了：「我知道了，就跟天秤一樣，要左右相等。」那一天我大受打擊，因為我連最基本的東西都不懂，回家時就用零用錢，買了許多參考書和題庫。雖然我沒有上補習班，但從那次以後我發瘋似地用功。

雖然讀漢字還是很吃力，不過，大學入學考試時，變成標記的方式，出社會後又出現電腦這個方便的工具，不論是「麒麟」、「憂鬱」、「林檎」之類的艱澀漢字，只要按一個鍵就能自動轉換，電腦這個科技工具真是我的救星（笑）。

現在回想起來，「3＋5」的這個題目，可能就是促使我努力學習的一個原點呢！

第 2 章

# HOW TO LEARN

# 自學不踩雷！
# 媒體和學習管道的多元運用

第二章主題是，善用媒介和工具的自學方式。第一章告訴大家最高效率的正確學習方法，就是歸納統合從別人身上學到的專業知識。不過，本章將傳授不須透過他人的自學方法。在此會傳授各位自學挑戰新事物時，派得上用場的媒介或工具，以及時間活用術。

8 HOW TO LEARN

# 講座的知識含金量高

第二章想跟各位聊沒機會和知道答案的人交談時，也就是必須自學的學習法。一般提到學習，大家第一個想到的媒介就是書本，就像你現在正在閱讀本書一樣。

**書本的情報量確實很龐大，有時候能將偉人的終身所學全寫進書中**，像這種花小錢就能學會成功法的書籍俯拾皆是。就效益來看，書本確實是優秀的學習媒介，但我想介紹其他的方法，**那就是講座**。

某位編輯朋友曾說，「會讀定價三百元商管書的人，大多數都會報名參加費一千元的九十分鐘講座，因為可以聽到作者更多的完整經歷。」可是相較於九十分鐘的講座，一本書的情報量應該更多。可是，為什麼大家還是對講座如此趨之若鶩呢？

因為**講座的含金量高**。只以情報量判斷的話，一定是書本取勝；而講座的內容密度和熱度，卻是壓倒性的勝利，**兩者的差異在於臨場感**。

以網球的溫布頓錦標賽為例。想看選手臨場的表現，看轉播會比較清楚。即使你在現場觀賽，如果座位在會場後方，眼前的選手小得像顆豆子，根本看不清楚。不過，對於有一定要到現場觀賞溫布頓錦標賽夢想的人，管它座位是否是最後一排，還是會到現場觀賽。因為**現場氛圍、現場球迷的一屏一息和草地的香氣等等的情報才是臨場感十足**，這是看轉播無法比擬的。

現場感受到的情報質量才會高，沒有現場觀賽經驗的人才會說：「想看清楚選手的球技，還是看電視比現場觀賽清楚。」

再舉另一個例子，現場看舞台劇跟追劇相比的話，後者會變得一點樂趣也沒有。透過電視看劇時，特寫焦點是主角的演技；可是在舞台劇現場，連站在舞台角落、沒有台詞的演員也在飆戲。現場看戲時，因為要每個角度都看到，反而很忙。用電視看時，就會留下「啊！算了不看了，我想全方位都看到！」的遺憾。

所以，講座的情報質量當然比書高很多。因為講者就站在面前說給你聽。演講者說話時的聲調、聽眾回應時點頭的幅度大小、講笑話時大家的反應等

## ■ 推薦講座學習的理由

聽講座能讓人把學習化為行動的動力提升。

等，這些都是只有講座才能體驗到，這樣的**情報質量的高低就會影響學習意願的高低**。

刻印在記憶的強度也會有所差異。書看過會忘記，可是在講座現場從講者口中說出的每句話都會牢記在心，很難遺忘。此外，熱度也不一樣，如果要將學習化為行動，講座的成功率是比較高的。

因此，我推薦想自學的人可以參加講座。講座是跟會場的眾人一起學習，嚴格說來可能不算是自學。可是，如果是你自己一個人參加講座的話，就是自學了（笑）。

8
最高學習法

**講座的情報質量高，成效也跟著提高！**

9 HOW TO LEARN

# 透過影片或音頻學習的優點

如果把講座歸類成戲劇舞台，YouTube 上的影片就是電影了。雖然無法實際得到會場觀眾的反應，不過這類影片確實也是高質量的學習工具。而且，這類影片有著講座所沒有的優點。

第一個優點就是，**可以重複觀看**，關於這一點會在後面的章節詳述。我會將從講座或影片中學到的東西，再重新整理歸納成自己的圖表。如果是上傳到 YouTube 的影片，我會一再觀看，一邊理解一邊整理成自己的情報資訊。

相較於一次決勝負的講座，看影片時的專注力會稍微降低，不過，可以重複觀看確實很方便。透過影片學習的第二個優點就是，**能邂逅讓人驚喜的精闢詞句。**

如果參加講座，鐘點費高達上萬元的優秀講師也會上傳影片至 YouTube。就算是外國人講師的影片，也會打上字幕，就算不懂英語也不擔心。影片內容當然可能只是講座的導入部分而已。即便如此，這些情報就是這位講師的思想基礎，或者是值得仿效使用的商業模式，所以還是能學到許多東西。

第三個優點就是，**可以一邊做其他事一邊學**。如果是影片，可以不看螢幕只聽聲音，透過耳朵來學習。如果聽不懂英語，外國人講師的影片就另當別論。不過，如果是本國講師的影片，可以嘗試聽的學習法。只聽聲音的話，眼睛和雙手就可以邊做其他工作邊學習。

對了，各位以前是否曾在深夜邊聽廣播邊念書呢？這就是邊聽邊學習的感覺！最近有許多人會花好幾個小時看YouTube，但是大多數的人可能沒這麼多時間吧。

所以我看YouTube影片，幾乎是不看螢幕，而是邊做別的事邊聽影片。不僅如此，有時候連電影也不是用看的，而是用聽的。愛看電影的人聽到我這麼說，可能會生氣地說：「這種方式根本是旁門左道！」（笑）。

可是，只聽聲音，也能得知大概的故事情節。只要將電影畫面設為小視窗，就可以邊用電腦處理其他工作，還可同時看電影（笑）。

某位裝幀設計師是動畫迷和戲劇迷，據說DVD播放機都開一整天。可是，如果他整天都在看動畫或追劇，根本沒時間工作。因此，他是專心做設計工作，聽到在意的場景時，才停下手邊工作，認真欣賞。

**為了同時處理多項工作，這個邊工作邊看影片的方法一定會派上用場。**不論是YouTube影片、動畫或電視劇，任何影片都能用聽的方式欣賞，萬一聽到吸引你的內容或是漏聽的部分，只要再倒轉重新播放即可。

影片確實是方便又CP值超高的學習工具。我除了透過影片學習，也經常利用只能用聽的廣播網路平台為學習工具。我最常聽的是「喜馬拉雅」（Himalaya）廣播網路平台App。二〇一九年五月時，App的登錄會員高達五億三千萬人。

現在也有網紅會上傳許多耐人尋味的音頻至喜馬拉雅平台，我經常聽得津津有味。我自己也有節目，也會上傳音頻。自二〇一七年五月以後，也開始播放付費音頻的服務。

我會看收聽的人氣排行榜，看到有趣的內容，就會點擊收聽。如果覺得無趣，中途停播就好，可以免費聽到許多有價值的資訊。**因為是單純的音頻節目，就算是打掃房間時，我也會使用手機播放一直聽。**而且，還可以一邊聽喜

## ■ 用聽就能學的網路音頻平台「喜馬拉雅 FM」

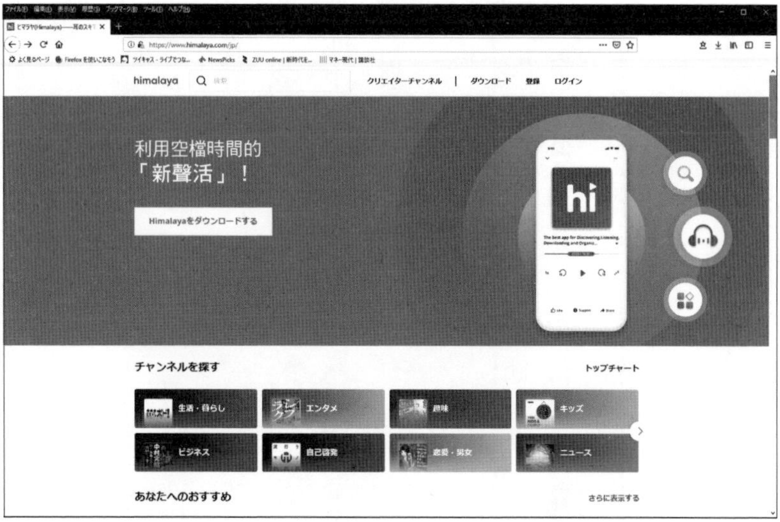

馬拉雅一邊用 LINE 傳簡訊。因為喜馬拉雅可以使用背景播放的功能，真的非常適合一心二用的人。

當你使用影片或音頻學習時，有一點務必注意。當講者傳遞的情報量太大，有可能無法一心二用，最好多次停播影片或音頻，再三確認內容，就能明白談話內容。

我很喜歡 YouTube 上的相關影片推薦，只要遇到一個讓你心動的影片，就能不斷點擊相關影片。只要體驗過影片或音頻學習的樂趣，就會養成好的學習習慣，請務必要嘗試看看。

9
最高學習法

**YouTube 影片可以重複播放、學習，更適合一心兩用！**

10 HOW TO LEARN

# 利用空檔時間瀏覽網路新聞

每當有人問我：「拓巳先生，為什麼您對最新時事如此瞭若指掌？」我就會回答：「全部都是 LINE Today 的新聞啊！」，其實我是用**手機新聞 App 掌握世界脈動**。利用空檔時間瀏覽標題，**發現吸引我的新聞，再透過網路關鍵字搜尋，深入了解**，這樣就能充分掌握最新時事。

新聞 App 的便利性很適合我，就像在看體育新聞那樣方便。自從可以在網路瀏覽新聞，我只有在住飯店時才會翻閱飯店送的報紙，平常幾乎不會看報。有人說：「報紙會刊登所有領域的新聞，資訊才不會偏頗。」但其實網路新聞涉獵範圍也很廣泛，從政治新聞到藝能娛樂新聞，應有盡有。

我曾問過參加講座的人，現在真的很少人會看報紙。我在看飯店提供的客房報紙時，有一個習慣，會先在心裡默唸：「等一下翻開久違的報紙，也許能看到一則上帝傳來的驚喜情報。」此外，報紙的即時性太慢了。每次看報紙，就會發現全都是很久以前在網路上早就看過的新聞。其實網路新聞的發信源就是報社，所以報社現在也面臨了轉型問題。

此外，**我也完全不看電視了**。總覺得電視節目已經變成是限制多，沒什麼吸引力的媒體了。大部分的電視節目內容幼稚膚淺，而且性質雷同。雖然沒什麼吸引力，但目前看來還多少有影響力，是該求新求變了。偶爾會看一下談話性節目，但都是聊藝人的私事，沒有主題性。看藝人隨性的態度，也覺得很遺憾，電視圈怎麼變成這個樣子。

雖然呼籲要掃蕩霸凌，但是電視螢幕卻出現類似霸凌的情景。**喜歡道人長短的人，終究會被自己的八卦打敗，我很不希望新聞文化淪落為八卦文化**。因為有觀眾會看，所以電視台才會繼續製作陳腐無趣的節目，其實觀眾本身也是問題所在。我衷心希望電視台能製作更多充滿情報量和饒富趣味性的節目。

請各位留意電視播放的新聞，負面新聞的收視率會比正能量的新聞高。我朋友說：「電視新聞多是不好的新聞，看了會讓人心情不好而失眠，所以不看了。」有些新聞真的不利於情緒健康，我想守護自己的心靈保持正向，所以拒看電視新聞。

此外，電視節目有所謂的贊助商，當然要迎合企業金主的喜好。站在觀眾立場，在操作資訊時，希望能有更深入的考量。相較之下，**網路新聞不會受到外來壓力影響，可以透過網路獲得內容完整性高的資訊。不過，網路中也有許多假新聞**，必須提升自己的網路資訊分辨能力，才不會被盲目引導。

從學習的觀點來看，想掌握最新資訊，網路優於報紙、電視等媒介。先概略瀏覽一下新聞 App，再透過網路搜尋深入了解感興趣的新聞。

10

最高學習法

**想收集資訊並深入了解時事時，網路會比報紙、電視等媒介優秀。**

11 HOW TO LEARN

# 獲得新知識的學習步驟

那麼，這個單元想跟大家聊聊**學習新事物時的學習步驟**。以我為例，常有許多人對我說：「你對ＡＩ相當了解呢！你是怎麼讓自己成為ＡＩ達人呢？」因為我常在講座中提到有關ＡＩ的話題。

我會了解，當然是請教熟悉ＡＩ的朋友，並向他們學習。我在第一章提到向別人學習的方法，所以本章想將焦點擺在如何自學。

ＡＩ似乎會對我們未來的生活產生巨大改變，前不久我因為有這樣的感觸，就依照以下的步驟學習並認識ＡＩ。

## 1 透過網路搜尋有關AI的情報

在網路搜尋關鍵字「ＡＩ」，就會跑出一長串的解說文。我也是先透過網路搜尋而對ＡＩ有了概略的了解。

## 2 觀看 YouTube 影片

第二個步驟就是觀看或聽與ＡＩ有關的 YouTube 影片。這時候我會以圖解方式整理學過的東西，記在筆記本上加深理解，關於這個方法，後續會詳述。如果是日後可能會想再重看的影片，就會將網址複製貼在 Evernote，想看時只要點擊就能看到，真的很方便。關於 Evernote，會於第五章詳述。

此外，當你把有趣的影片分享給朋友時，可以提升學習效率與樂趣。

## 3 閱讀ＡＩ相關書籍

接下來我會閱讀ＡＩ相關書籍。多數ＡＩ書籍都只是講述基本的概念，如果之前有先涉獵一些資訊和做功課的話，比較可以判別書籍的難易程度，找到適合的書。

## 4跟別人聊有關AI的話題

關於這一點，一樣也會在後續詳述。不過，你一定要嘗試把透過學習而習得的資訊，親口說出來看看。可以試著寫部落格或跟人聊相關話題，藉這個機會把學到的凌亂資訊整理歸納，建立系統。當你嘗試要說的時候，有時候會發現自己「奇怪？我怎麼不懂呢？」抓出不理解的部分。

而且，**透過口述可以加深記憶**。還能讓你有新的發現。我常常在對人口述我學過的東西時，腦海裡閃過許多新的商業點子呢！

## 5在講座上正式輸出發言

最後在講座中，把學到的東西親口說出來與大家分享。這時候你已經有了更深入的理解，就會如本單元開頭時，聽過我發言的人都會說：「拓巳先生，您怎麼這麼懂AI啊！」以上介紹的就是如何把學到的新東西，變成自己的學問的方法案例。

## ■ 自學新事物的學習步驟

◎舉 AI 為例

AI?
1
透過網路搜尋有關 AI 的資運
關於 AI
搜尋
2
觀看 YouTube 的影片
●整理為圖表
●複製儲存網址
●與朋友分享
3
閱讀 AI 相關書籍
●步驟①、②所得的資訊，有助於理解關於 AI 的基本概念。
4
嘗試跟人聊 AI
堆積如山的雜亂資訊。
寫部落格發表文章，藉這個機會整理歸納出系統邏輯。
AI
透過口述加深記憶。
5
在講座中發言傳播
◎這個階段已經有了深入的了解，成為「熟知 AI 的達人」。

**學習除了問人這個方法，網路、YouTube 和書本都是很棒的學習管道。**

如果是以前，會窩在圖書館裡調查資料，現在一台像盒子的電腦裡就儲存了如圖書館般浩翰的資訊知識，不出門也能學到東西。

現在你感興趣的關鍵字是什麼呢？是「收納術」、「暗記術」、「提神飲料」、「水草水槽」，還是「特異功能」呢？**建議使用電腦裡的圖書館來調查讓你感興趣的關鍵字吧！**

11

最高學習法

**透過人、網路、YouTube 和書本學得的新知識，經過口述說出，就能真正成為你的一部分。**

12 HOW TO LEARN

# 透過漫畫學習

小時候母親很常對我說：「不要整天看漫畫，快去念書！」，現在這句話依舊清晰地在耳中迴盪。《哆啦A夢》的主角大雄也經常惹媽媽生氣。不過，時代已經變了。書店裡陳列了許多《看漫畫學○○》的商管書或是自我啟發類書籍。

現在漫畫已經成為普遍的學習工具了。透過漫畫學習，其實是非常有效率的方法。不只商管類書籍有漫畫版，連入學考試的日本史，也有許多出版社推出漫畫學習版的《日本歷史》系列，如果熟讀這些書，可以拿到好成績。

如果將學習這件事變成故事，就算是棘手的領域，人們也可以輕鬆快樂地學習。有一本書我認為值得稱得上是日本名著之一，那就是司馬遼太郎所撰寫、共有八大冊的《龍馬行》（日本文春文庫）。孫正義先生也說，這本書對他影響甚大，改變了他的人生。

對怕看書的人來說，一套共八冊可能份量太多。所以我推薦漫畫版的《硬漢！龍馬》（武田鐵矢／著、小山由／繪），這本漫畫版能讓讀者深受震撼，激發出莫大的鬥志。

選擇自己擅長的讀書方法來學習就可以。比方說，當你輸入了「坂本龍馬」的資訊，聽到或看到與「坂本龍馬」有關的資訊，自然就會豎起你的天線，準備接收。

接下來就會陸續收集有關坂本龍馬的情報，也會對坂本龍馬更加了解。最後搞不好也能看完原本感覺難讀的司馬遼太郎原著《龍馬行》呢。**漫畫學習法就是所謂「簡易安裝」（Install），請從打造各類的知識抽屜開始。**

抽屜裡保管著你已經收集的情報。哪天這個抽屜的情報滿了，你就可以開始流利地跟人談論這個話題。棘手的領域就從漫畫開始學習，請務必嘗試。

12

最高學習法

**想學習不擅長的知識領域，可以透過漫畫輕鬆入門。**

13 HOW TO LEARN

# 透過插畫學習

這個單元想跟各位聊聊透過插畫學習。透過插畫學習，並不是要你去學插畫。而是在你要背誦東西時，善用插畫或圖解，加深記憶。

我在聽人說話或參加講座時，當我覺得「這句話很棒！」時，會整理在筆記本裡。我不是將聽到的話直接寫下來，而是經過消化變成自己的東西，以圖表方式記錄下來。這時候插畫或圖解就派上用場了。

以前在學心智圖時，曾聽人這麼說過。「請試著在心智圖上畫圖或塗上喜歡的顏色。這樣就能開心地在心智圖的心靈延長線上發現新點子。」

當我聽到這段話時，內心想著，「啊，我從小就在做類似的事了！」對於愛畫畫的我來說，畫圖已經成為我的習慣。我在做筆記時，會一邊記一邊畫圖。原本只是隨意塗鴉，最後竟然變成插畫作品。

我完全沉浸其中，以帶諷刺或詼諧風格的插畫將我的筆記內容表現出來，而且越畫越開心。有時候也會以雙關語風格呈現。還有，我也會描摹知名插畫或圖畫，還會在插畫裡加入台詞，說出筆記重點，玩得很開心。

**畫畫這個動作，會比只看文字讓記憶更深刻。而且，還有烙印下視覺記憶（不易忘記）的效果**。不過，透過插畫學習除了有上述的實質理由，若以我的立場來看，我最滿意的一個理由就是，畫畫能讓人開心學習。

尤其是將學習後浮現腦海的影像畫出來的時候，最讓人開心與沉醉。那時候真的會在心裡喊耶，越畫越起勁。因此，**就會湧現高度學習意願**。學習與遊戲的界線也會因此消失。

在你整理學習的東西時，不妨試著畫上插畫或加注圖解。我們不會把這些東西拿給別人看，畫不好也沒關係。倒不如你就完全解放，還可以一邊哼歌一邊畫圖。如此一來，學習會變成開心的事，學習成效應該也會提升。以下是我的部分筆記內容。

## ■ 透過畫插畫學習，予以影像化

■將浮現腦海的影像畫出來！

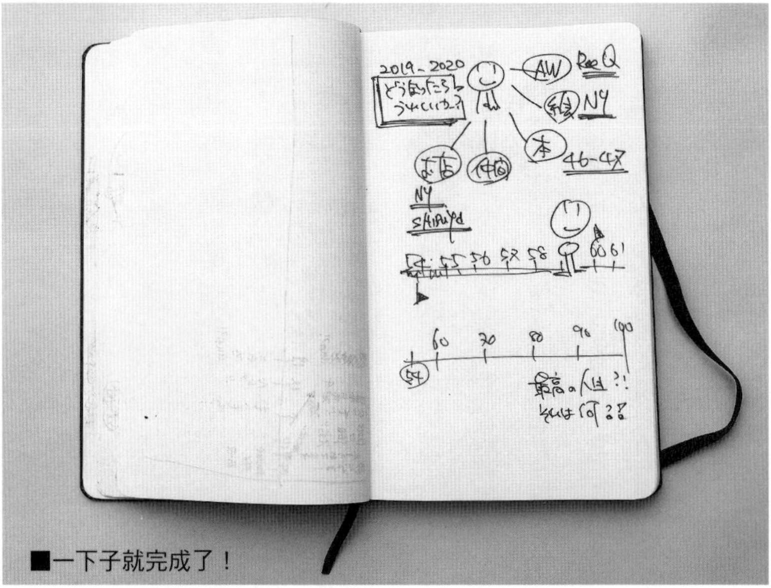

■一下子就完成了！

14 HOW TO LEARN

# 提高記憶力1　組合插畫與雙關語

當你想背記某些事情時，善用插畫或圖解，就是所謂加深記憶的動作，我稱為**提升記憶畫素**。在前兩篇中，我介紹了學習效率相當高的漫畫學習法。透過漫畫學習，就等於在閱讀漫畫故事，在閱讀時會被故事情節所感動，會將感情投入於故事的時代或人物裡，就能加深記憶，提高記憶畫素。

譬如我現在在學中文，我也是採用插畫或雙關語的方式學習，不是硬背。我不是盲目地學習，而是想盡辦法能不能讓自己快樂輕鬆鬆學習。舉個例子吧，就是中文的「大家好」。中文的「你好」是日文的「こんにちは」（konnichiwa）。日文的「みなさん、こんにちは」（minasan、konnichiwa）就是中文「大家好」的意思。這些只是單字，也就是當成課文內容記，也常常記不住，心裡還會說：「這些單字是什麼意思啊？」

所以，我**使用插畫和雙關語來背記**。像是「大家」的發音，跟「大蛇」很像，所以我就在「大家好」的旁邊畫一隻大蛇，並註明「大蛇 hao」。

乍看之下，有點搞笑的雙關語插畫。可是，當我畫完後，也把「大家好」記住了。而且，很難忘記。萬一忘記了，只要想到大蛇的插畫，馬上就想起「啊，是大家好啊！」。

我再舉兩個例子。知名建築師柯比意（Le Corbusier）的家具是由女設計師夏洛特．貝里安（Charlotte Perriand）設計。這時候，我畫了一隻鵜鶘（Pelican，跟貝里安的發音很像）站在柯比意建築物裡，透過這個方式記憶。這也是讓人印象深刻的插畫，還用了 Perriand 和 Pelican 的雙關語。

**利用插畫，創造關聯性來記憶**。然後，如果是發音相似的單字，還可用雙關語背記。就記憶術角度來看，這也是正確的方法。當你覺得「真有趣！」、「咦，這是什麼意思？」時，就已經深記腦海了。

14

最高學習法

**利用插畫和雙關語，提高記憶畫素！**

## ■ 透過插畫和雙關語學外語

### ①照相 ➡ 翻譯成日文「写真撮影」

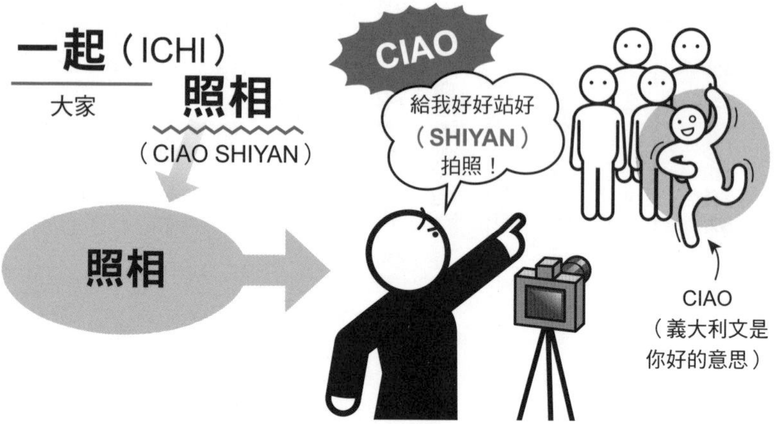


### ②請坐 ➡ 翻譯成日文「座ってください」

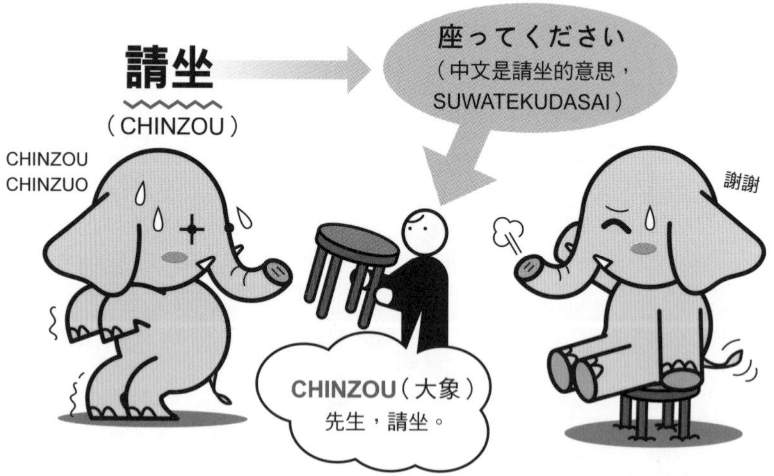

15 HOW TO LEARN

# 提高記憶力2 撰寫成事件，用影像記憶

想提高記憶畫素，除了插畫和雙關語之外，還可以**「製造驚喜」**或**「編造事件」**，**透過影像記憶**，這些方法也很有效。

你現在可以依序記住毫無關聯性的二十個單字嗎？我們就實際測試看看吧！那麼，現在開始請依序記住你看到的單字。對了，還要有時間限制。我就優惠大家，時間是三分鐘。

如果可以，請準備一個以秒計時的計時器，仔細測量時間。如果身邊有人能幫忙，最好請他幫你喊「好、開始」、「停」。

三分鐘到了，請闔上書本，在腦子裡依序想起你記的單字，並試著寫在紙上。體驗看看在三分鐘內記得多少單字。如果身邊有協助者，不需特地把單字寫出來，直接說：「第一個是〇〇，第二個是〇〇」，試著依序說出記住的單字，讓協助者聽聽看你說的對不對。

那麼，現在傳授各位實驗前提升記憶力的祕訣。請試著將看到的單字**於腦裡影像化，再串連為事件**。

舉例說明如何將「單字事件化」，假設第一個單字是「狗」，第二個單字是「自由女神」，那就編成「狗站在自由女神的頭上下不來，對著遠方嚎叫」的故事。如果接下來的單字是「哥吉拉」，可以編成「哥吉拉搖著自由女神像，狗快要掉下來了」的故事。就像這樣試著編故事看看。

請在腦海裡將所有單字串連成事件，再以影像連結。那麼，翻開書選出二十個單字，時間限時三分鐘。好，開始了！

**「安東尼猪木」、「兔子」、「西瓜」、「明石家秋刀魚」、「海」、「白蘿蔔」、「貓」、「神社」、「撲克牌」、「馬戲團」、「手錶」、「艾菲爾鐵塔」、「圈套」、「眼鏡」、「紅酒」、「足球」、「炸藥」、「太陽」、「哆啦A夢」**

各位，有何想法呢？我剛剛傳授的記憶術有派上用場嗎？從單字會聯想到

## ■ 將沒有關聯性的單字串連成「事件」幫助記憶

①狗站在自由女神的頭上，對著遠方嚎叫

②哥吉拉搖著自由女神像，狗快要跌下來了

什麼樣的事件影像呢？結果因人而異。依據每個人過去的經驗型態或是喜好，就會變成容易背記的影像。如果像以下這樣將所有單字串連在一起，是不是更容易記住呢？

○安東尼豬木在一片呼叫「豬木」的叫聲中，精神抖擻地登場，可是不曉得為什麼豬木竟然是一身兔女郎的裝扮登場。

○豬木剝開放在賽場正中間的西瓜後，明石家秋刀魚的門牙從裡面跑出來。

○沒有門牙的明石家先生在海裡載浮載沉。

○潛到海裡一看，海底長出無數的白蘿蔔。

○他拔起一根白蘿蔔，敲了敲在海灘睡覺的貓。

○被吵醒的貓生氣了，臉變成神社石獅子的臉，好可怕。

先寫到這裡，各位覺得怎麼樣？應該已經稍微抓到訣竅了吧？在進行將單字串連，撰寫成事件影像的記憶術過程中，一定有人會說：「啊，不行啦，我還是忘光光。」如果你是這種人，請不要把單字看成「文字」，請用「概念」的形式來記。如果沒有浮現真實的影像，就無法記憶深刻。

假設要記「兔子」→「西瓜」的單字，將兩個單字像這樣串連——「兔子拿西瓜玩踩球遊戲」時，對於會有「什麼？兔子玩踩球？」想法的人，這就是一個驚奇的事件，於是就記憶深刻。

不過，對於「兔子拿西瓜玩踩球遊戲」這個句子無感的人，就記不住這兩個單字。這樣的人就算問他：「那隻兔子是什麼顏色？」多數人是答不出來。換言之，他沒有在腦海裡描繪影像，就只是單純以「兔子」的概念來記憶。

再舉一個例子，比方說在記「西瓜」→「兔子」單字時，如果用「切開西瓜，從裡面冒出一隻兔子」的串連句來記，就會想像從西瓜裡面跑出一隻全身濕透，沾滿紅色果肉的白色兔子。

兔子先是張開眼睛，然後冒出頭，牠的耳朵將西瓜皮撕裂，冒出來的那一刻濺起汁液。哇！這個影像真驚悚，如果能想像出如此真實的影像，保證西瓜和兔子兩個單字一輩子都忘不了。

各位可以參考吉野邦昭和永井堂元合著的《插畫記憶法牢記一千八百八十

個英文單字》（日本朝出版）銷售超過十萬本，書中的方法會讓你對記憶術有更深入的了解。

15

最高學習法

## 將單字串連成事件記憶時，腦海裡會浮現真實影像！

16 HOW TO LEARN

# 有效時間利用法1 善用注意力集中的時間

我曾看過某篇科學論文這麼寫：「早上大腦的活動力比晚上好，早上讀書效率高。」就生理學來看，這麼說完全正確。可是，我認為：**「晚上讀書也好，早上讀書也好，選擇適合自己的方式就可以。」**

每個人頭腦清醒的時段不一樣，有人是晚上才能集中精神，有的人是只有早上才頭腦清醒。其實很多作家是夜貓子，都是深夜寫書。

以我為例，我在巴黎時，都是半夜寫稿。晚上九點就寢，凌晨一、兩點起床，一直寫到早晨，我都不知道自己是夜型人還是晨型人了（笑）。中途想睡時，就休息一下，然後再醒來迎接第二次、第三次的早晨。經常都是工作到頭腦清醒的中午前。

重點不在夜型人或晨型人，而是等家人都睡了，**有效使用了一個人的獨處時光**。而且那時候我不是在寫商管書，是寫小說《神之門》，在安靜的深夜寫小說，更能融入故事情節，沉浸於故事的世界觀裡。

稍微離題一下，我為了擬造小說的世界觀，寫到恐怖情節時，還到YouTube搜尋恐怖音樂和恐怖的影片，或是待在家人都已熟睡的無人客廳裡，用耳機邊聽音樂和影片寫書。這時候會將我內心感受到的恐懼感轉換成文字，還會認真思考這麼寫是否能讓讀者感同身受。

因此，對我來說能夠集中精神的時間，就是深夜至凌晨的這段時間，當然要選擇這個時候工作了。對了，這篇文章也是凌晨四點起床寫的。

學習也是一樣的道理。要**在可以全神貫注，腦裡充滿能量的精神集中狀態下學習，千萬不要浪費這段黃金時光**。如果無法深夜做事，請有效利用早晨時光。現在也有很多早晨學習會，譬如早起去公司，上班前在咖啡廳讀書，輸入知識。有人說這個方法可以讓你在一天裡不斷地回顧學過的東西，是可以加深記憶的學習法。

還有另一個方法。我每天都是行程滿檔，所以我會善用「空檔時間」，當**成集中學習的時間**。比方說搭乘高鐵時，搭車時間就是我的私人時間。我會事先想好：「如果不想睡，就做這件事」，坐在車上也很認真工作。

16 最高學習法

## 利用專注高的時間學習，空檔時間不浪費！

說得更極端一點，蹲馬桶的時間也是私人時間。可以利用蹲馬桶時間瀏覽 LINE 或新聞。這麼一想，就會很想有效利用空檔時間，譬如「應該可以回一封簡訊或電郵吧。」

當我這麼說時，其他人就會說：「這樣的話不就分秒都在工作，不覺得辛苦嗎？」不過，我從未感到辛苦。當我在電梯裡回了兩封信時，我會在心裡想：「搭個電梯就回了兩封信，真是幸運！」當時心情是雀躍的。

抱著不情願的心情做，永遠無法把工作做好。像這樣短暫的空檔時間，如果打開留言很長的 LINE 或電郵看，也是看不完。這時候我會複製內容，再寄到自己的信箱，待會看完再回信。

**為了學習，你要自己找到適合的專注時間。不管是長時間或短暫的空檔時間，你都要加以善用。**

## ■ 空檔時間也能全神貫注

◉早起參加在清晨咖啡廳舉辦的學習會。

◉搭乘高鐵時，使用筆電打稿子。

◉上廁所時可以看書。

◉搭電梯時，使用手機回信。

# 有效時間利用法2 利用瑣碎時間與人相處

第一章時提過，「不要減少跟別人碰面的時間和機會，或許見面的這個人會帶來意外驚喜」（參考五十五頁）。不過，也不要跟單一對象共度太長的時間，這樣是在消磨彼此的能量。

我**跟一個人見面時，會遵守「一次一個小時」的原則**。除非是跟想講很多話的人見面，自然另當別論。如果需要跟同一個對象見面三小時，就分成三次見面，一次見面時間維持一小時。

這麼做的話，談話內容會比較新鮮，也較能跟對方建立更親密的關係。就是要營造「啊，時間到了嗎？好想再跟你多聊一些……」的氛圍，就能製造下一次的見面機會。

相反地，如果見面聊了三小時，就算彼此都說了「下次再碰面囉」，心裡也會想：「跟這個人也未免聊太久了吧！」就不會迫切地安排下次見面的機

**會。人跟人見面時，是否能留下深刻印象，跟見面時間長短毫無關係。**

在講究快速的現代，需要對方挪出很長時間聽簡報本身就不合時代潮流。比方說，「請給我十分鐘」、「可以用 Zoom（線上會議用軟體）跟您談一下嗎？」、「我想傳音檔給您討論工作，有時間時請您聽一下」，如此一來不論想跟對方商量事情或是保持溝通，都可以簡潔明瞭。

懂得珍惜自己時間的人，也會珍惜對方的時間。我常說：「只要給我五秒就好，請跟我見個面。」其實有些人真的只要見五秒就夠。比方說送伴手禮時，我會笑著說：「交換禮物。」，然後就說再見！（笑）像這樣的見面方式比起長時間碰面，更能在彼此心裡留下深刻的印象。**即使只能短時間見面，並不代表是殆忍人際關係，隨便敷衍而已**。反而有時候沒見到面，也有可能彼此都留下深刻的印象。

我主辦的某場派對上，有位朋友在派對開始前就來，把紅酒放下後人就走了。他因為有其他行程所以無法出席，卻在派對開始前特地繞來會場，送了一瓶紅酒。這可是一個超級大驚喜，而且讓人印象深刻，我迄今仍記得當時內心的悸動。

**我也想聊聊聯誼會**。最近我嘗試在講座結束後不辦聯誼會，而是舉辦小型講座，只要核心人物參與即可。我的目的是想實驗看看，再一次提供學習機會給大家時，會出現什麼樣的結果。

透過講座的型式學習過後，這時腦子裡裝滿了知識及資訊，等於是種飽腹狀態。事後再用工作室型態的迷你講座，讓大家把所學表達出來，學習效果會更棒。

假設講座時間是兩個小時或兩個半小時，迷你講座的時間一小時就夠。聯誼會當然也有不錯的效果，在聯誼會上可能會認識新朋友，也可以是講座後的下課休息時間。

迷你講座還有另一個目的，就是發揮深入了解的功效。大家一起發表感想，分享所學是主要目的，但是每位參加者也可以回想剛剛學到的東西，等於有復習的效果。

**為了不浪費時間，跟人見面時也不要有怠惰之心，不要虛度時光。**請珍惜時間，創造出更優質的學習，營造更美好的人生。

第二章我已經詳述了自學的技巧，同時分享了有效的學習工具、背誦訣竅和有效的時間利用法。接下來，第三章想跟各位聊聊學習的本質。

17

最高學習法

## 與人見面的時間，以一小時為原則！

## 擅長科目只有體育、音樂、美術？

我直到國一，才終於懂得數學符號「=」的意思。我在前面提過，因為我學習速度比人慢，因而大受衝擊，就跑到書店買了一堆參考書（參考五十九頁）。一開始當然跟不上同年級的同學。國一時的聯絡簿上，得五分的科目不是五科主科，而是主科以外的科目。也就是體育、美術、音樂等科目得五分，其他科目的分數則是四分或三分。

不過，經過我持之以恆的努力，到了國三時，五科主科的成績也成功提升了。可是，我在第一章時提過，出題範圍固定的期中考或期末考可以一晚臨時抱佛腳，也能考到不錯的成績。不過，如果是實力測驗，要驗收讀書成果的考試，就露出馬腳了。總之，這就是我高中升學考考壞的原因。

當時，我很熱衷社團活動，也沒上補習班，內心很焦急：「這樣有辦法好好看書嗎？」、「再這樣下去，升學考會落榜吧？」走投無路的我終於想通了。「現在開始只做題目，一直解題就對了。如果升學考出現相同的題目，我絕對要解開！萬一出現我沒做過的問題，就直接放棄。」

當我判斷不可能全部都學會以後，我就告訴自己：「至少出現我做過的題目時，一定要會解答！」我一邊做一邊翻答案看，記住如何做答，然後一個問題一個問題慢慢解，寫出正確答案（詳情參考三十二頁）。接著我就去考試了，當時還解了好多題呢！

這個經驗對我來說是一個很寶貴的學習體驗。不必堅持全部科目都看完，也不必下定決心要做許多題庫，我們村裡那位東大生用四小時傳授我的讀書方法，「只要確實做好這些題目，把自己會的做到滾瓜爛熟就夠了。」這個作戰策略真的非常有利人生！

第 3 章

# HOW TO LEARN

# 認識學習的本質

第三章的主題是了解學習本質。當有人問你：「學習行為的本質是什麼？」、「人為什麼要學習？」時，你答得出來嗎？只要了解本質，學習速度就會加速，很快就能結出果實。

18 HOW TO LEARN

# 學習就是認清自己無知的智慧

**人透過不斷的學習，消弭內心的不安**。世上沒有毫無不安全感的人，如何跟不安相處，正是人生奧妙所在。學習能讓我們遠離不安。我自己也會有不安的感覺，所以我很重視這件事。

常有人對我說：「我看了拓巳先生的書以後，整個人充滿正能量。您一定是個活力充沛的人。」不過，事實並非如此。我其實是很負面的人，所以我很懂得如何讓自己積極正向。原本就超級樂觀的人，是無法懂負面思考者的心。

以前我有出版過一本書叫做《抒發情緒的訣竅》（日本 Sanctuary 出版）。我到現在還記得，當時對於書名的「抒發情緒」四個字相當反感。因為我很怕有人看到書名，心裡想：「作者一定覺得自己是 很擅長抒發情緒的人。」以這樣來判斷我的性格。

不過，真正能抒發情緒的人，他一定不懂為什麼別人無法抒發情緒。正因為自己不會抒發情緒才更要學習，問自己「這麼做比較好嗎？」、「我這麼做，能讓別人開心嗎？」

而且，我見過的成功人士多數是負面主義者。以我為例，每次在做CASE時，我也會擔心能否照計畫進行，內心極度不安，結果就做了許多多餘的事。「就算無法照計畫進行，就算這個方法行不通，還有A方法、B方法、C方法……」我會築起三道防波牆。因為都設想得如此周到，計畫一定能成功，這樣總算能夠放心了。

學習也是一樣的道理。**人為了消除人生的不安，所以要學習。**透過學習，讓我們接觸了前人的用心、心思、經驗和鼓勵話語來消除不安。**為了擺脫不安，所以學習**，這就是學習的本質之一。

透過學習，讓我們獲得知識，後來就成為我們的智慧。**「能夠解決的事，去做就對了；不能解決的，就接受它。」然後你就能擁有分辨事情成功與否的智慧。**

換言之，學習就是培養能力，同時也讓我們認清自己的無能之處，並且接受它。**學習讓我們在能與不能之間劃上清楚的界線。**

前不久引退的鈴木一朗還是現役選手時，即使是擁有驚人守備範圍的外野手也不需要接捕手飛球。因為對外野手來說，這是辦不到的事，也是不必要做的事。

要將這個界線劃清楚，自己做不來的事，就委外外包，讓有能力者處理。所以，捕手飛球就交給捕手看他要怎麼處理了。在人生當中，只有學習才能讓我們分清這條界線。

學習讓我們有所發現，並開發拓展未開發的新領域。「無知之知」這句話的意思是**知道自己無知就是知，然後這份無知會轉為好奇心**。然後，當我們能拓展自我能力領域，就能為自己創更豐富的人生。

相反地，當我們看清自己的無能、不適合、不喜歡和做不到時，就會懂得尊敬別人。把事情委託給別人，也能因此結交新朋友，營造新的人際關係。**你不擅長的，正好是某人所擅長、吸引人的魅力所在**。

透過學習來消弭不安、自我開發和照亮別人。對於感興趣的事，請試著深入了解，成為達人。不管是美國棒球、義大利菜、量子力學的奇特之處、狗的習性、懷舊電影各種角色扮演遊戲或良好人際關係的維持方法都可以，只要是

## ■「學習」讓你擁有分辨自我無能的智慧

①

透過學習，獲得知識，最後會變成智慧。

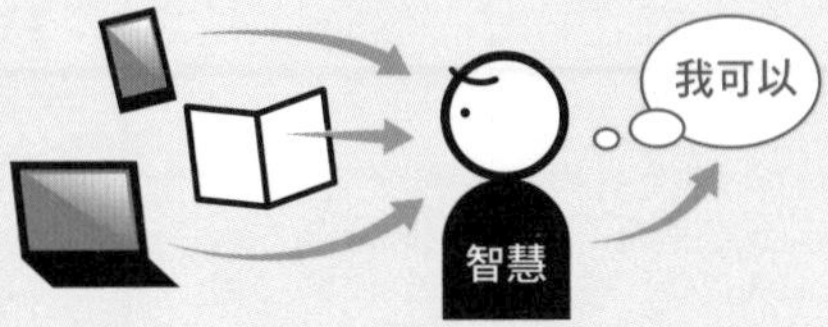


②

所謂擁有智慧，就是能夠在「我辦得到的事」與「無能為力的事」之間劃上清楚的界線

③

在每個領域劃清界線，就能更了解自己。

④

擁有豐富的智慧，認清了解自己，就能擺脫不安。

⑤

能夠拓展「能力」範圍，我們的人生會更精采生動。

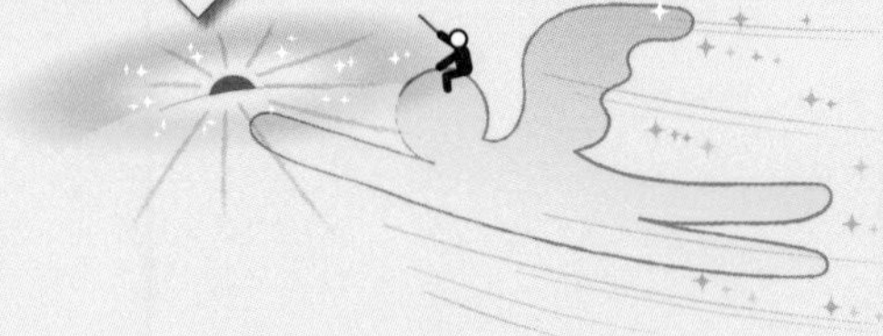

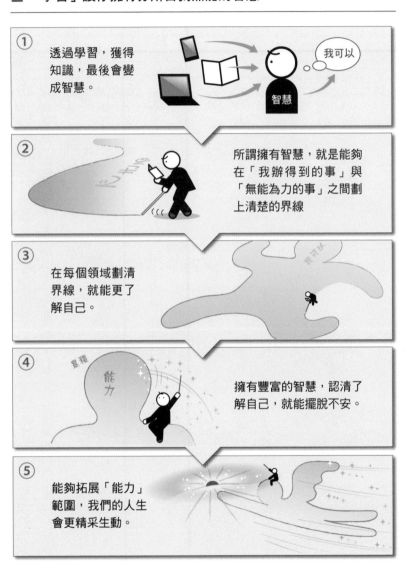

你感興趣的就深入研究。

深入了解後，一定能在某個接點產生連結，最終這些東西都能成為表現你個人特色的世界觀。

18

最高學習法

**學習能增強你的能力，同時認清自己的無能。**

19 HOW TO LEARN

# 真正的學習比學歷或證照更重要

我長大成人後，更懂得學習的樂趣。長大後的不斷學習，發現自己的人生一直在改變中。雖然學生時代是強迫型的填鴨式學習，但現在我發現學習是各式各樣的。

比方說，出社會後為了取得證照而讀書，這也是學習；去駕訓班學開車、去烹飪教室學煮菜，都是學習。學校有考試，所以得讀書，但總覺得不是心悅誠服的學習。如果沒有這些東西，應該不會主動讀書吧。社團活動也一樣，國一至國二期間的社團活動，根本就是被逼著參加。

不過，升上國三後，我有了無論如何一定要贏的想法，原本認為「練習是被逼的」，後來變成「很想去練習」。讀書也是一樣，**當你有了想讀書的想法，結果也會大大改變**。

另一方面，出社會後為了取得證照而讀的書，基本上是主動式學習，當事人如果沒有想取得資格的念頭，不讀書也沒關係。也許有很多人認為是為了賺更多錢的手段，是為了自己這塊招牌加分的管道。

我在國二時很崇拜家父，於是去考了業餘無線電執照。在為期數日的集中課程裡，每天跟大人們混在一起，沒日沒夜地學習，還要搞懂超出國中生理解範圍的數學公式。當我知道自己考取執照那一刻，真的是美好又特別。這次的學習完全跟喜悅和開心連結在一起。

也有人為了成為稅務士而學習；我也有朋友準備考司法考試；也有人為了當醫生準備國家考試。「想從事那份工作，必須擁有某個程度的知識才行。有了證照，才可以在這一行工作。」大家為了跨越那條知與無知的界線，都非常努力。

我認為**真正的學習比學校功課或資格考的學習還重要**。真正的學習會讓你愛不釋手，時時刻刻都想學。當你達到這樣的境界，不會有絲毫痛苦，而且完全處在喜悅的氛圍中，這才是真正的學習。

以前有位當護理師的朋友帶心臟外科醫師來參觀我的個人畫展，那位醫師對我說：「拓巳先生的畫很棒，其實我也有在畫畫。」，然後他從包包裡取出素描本，讓我看他的畫作。

他畫的是心臟的畫，雖然是用鉛筆素描，卻連纖細的血管也畫得清晰緊密，非常美。還把血管的陰影也畫出來，看得出來他不是隨便畫畫而已，非常栩栩如生。

我看了他的畫，心裡這麼想。「哇，這個人是打從心底喜歡心臟啊。一直以來他對心臟很痴迷，也一直在學習。如果我要動心臟手術，一定要找這種醫生為我執刀。」我認為這位醫生對於心臟的學習，才是真正的學習。

如果要選另一個名詞來形容，心臟痴應該貼切吧！**因為已到了痴迷的程度，在學習時會分泌腎上腺素，不會有絲毫難受的感覺，而且學習速度會加快，也更有深度與廣度。**

這跟學校的學習與為了考取證照而學習是截然不同。我很清楚升學補習班被稱為「名師」，教學技巧一級棒的講師都有一個共同點，他們都非常喜歡所教的科目。因為太喜歡該科目，在上課時看起來就是很開心（笑）。

我的吉他演奏家朋友對我說：「這把吉他的音色很好。」然後就開始演奏，整個人完全陶醉在音樂的世界裡，根本忘了我的存在。他實在太喜歡吉他了，已到了忘我的境界。

如果有人對這些人說：「不可以學得如此入迷，不可以再繼續學。」他反而會覺得痛苦吧！因此，我希望**學校老師能盡其本分，傳授學生該科目的有趣之處**。

比方說歷史老師，不是只傳授學生歷史知識，還要讓學生對歷史這個科目痴迷。如果能讓學生覺得「歷史比電視劇有趣一百倍！」學生的學習意願就會有一百八十度的轉變。

**真正的學習是誰也無法阻擋的喜悅學習魂**。有人只要學習，就可以開心到吃下三碗白飯，可見他是多麼陶醉於學習。能邂逅讓人產生喜悅之心的學習人生，才稱得上是真正富足的人生。

19

最高學習法

**真正的學習會讓你徹底沉迷。**

## ■ 學習是認清自己無知的智慧

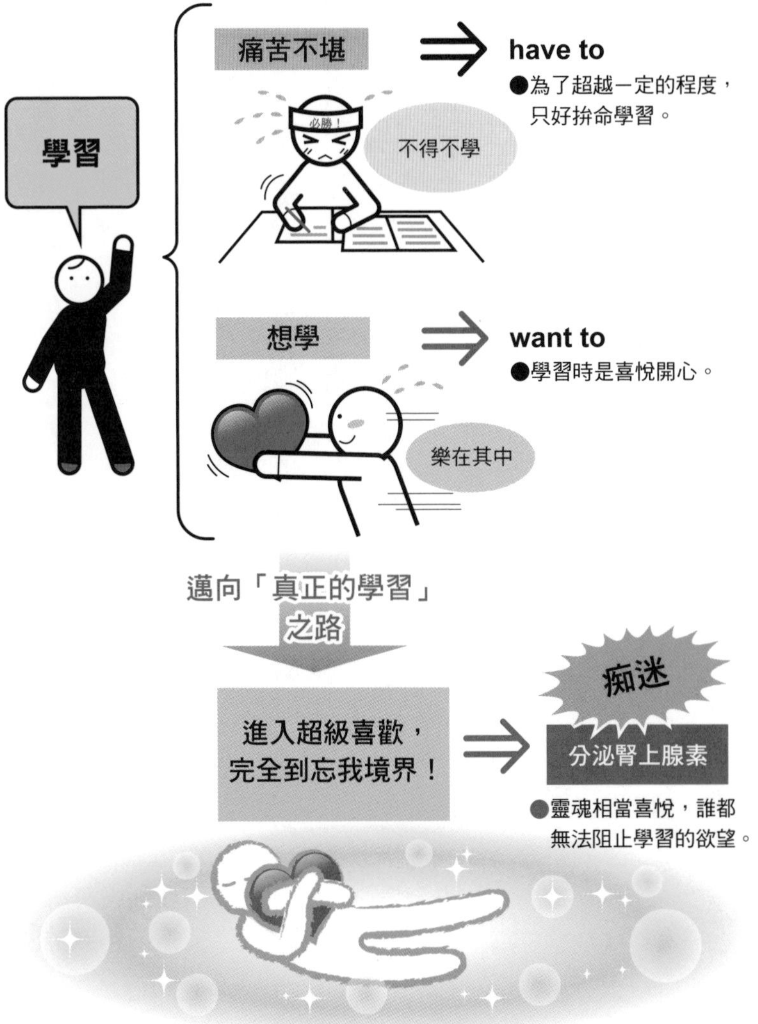


當心境變成「 很想學習」，結果也會有很大的轉變

20 HOW TO LEARN

# 學習是從「無知的知」開始的

出社會後，遇到風趣的朋友，才猛然發現「我怎麼那麼不了解自己啊？」這就是我前面提過的「無知之知」（參考一〇六頁）。**就如蘇格拉底所言：「自知無知，乃一切真知之始。」**

初出社會時，我總是帶著惶恐和驚訝的心情，聽著那些高品味的大人們聊天。他們的知性話題涉獵很廣，從音樂、建築到體育運動等等無所不包，遠遠超過本業的工作或是經濟等等領域。他們的交談像在講暗號，說到山就接海，非常流暢契合，就算笨拙的我拚命地展現所知，卻連邊邊都沾不上。

這個衝擊讓我開始了不是為了成績的學習，重點在於素養。**我做的第一件事是「聽披頭四的音樂！」**像準備升學考試那樣認真聽，越聽越愛。有一天發現自己竟然在哼唱《Hey Jude》這首歌，還嘴角上揚，自得其樂。後來我也對披頭四在音樂史上的定位和歷史深感興趣，很想深入研究。

接著是聽搖滾樂團「AOR」的音樂，我就這樣涉獵越來越深。**同時也學電影**，工作結束後，一進家門就開始播放DVD，時常看著看著就睡著了。不過，名作一部接著一部看，完全融入劇情中。

再跟很有品味的朋友聊電影，「這個導演的怪癖是……」、「這部電影和那部電影的音樂製作人是……」、「這一幕真的是……」等等，幾乎無所不談。如果我參與其中，稍微聽得懂他們說的，也能聊個幾句，真的很開心。

**當時我的教科書是雜誌《BRUTUS》**。如果書裡有「建築特集」，我就告訴自己：「這次就學建築吧。」當我知道「柯比意（Le Corbusier）這個人很棒！」、「安藤忠雄是清水模結構達人」，讓我有了下次到巴黎旅遊時，一定要去參觀柯比意的動力；我想認識世界各地的安藤忠雄作品。

**葡萄酒也是一門高深的學問**。最近愛上了《商業人士必備的紅酒素養》（台灣大是文化出版）這本書，在跟人聊天的過程中，發現在商界裡葡萄酒的知識也是一門重要學問。葡萄酒有白酒和紅酒，這是一般人都知道的常識。那麼，葡萄的種類有哪些呢？我知道卡本內蘇維濃（Cabernet Sauvignon）和黑皮諾（Pinot Noir）是代表品種。只要記住這兩個品種，你的世界酒會更加寬廣。如果是卡本內蘇維濃品種，你就持續喝這個品種的葡萄酒，自然就會對它熟悉。

然後，你心中就會有許多疑問「代表白酒的葡萄品種是什麼？」、「葡萄酒的代表產地是哪裡？」會想更深入研究。有一天就會發現自己已成為「喜歡葡萄酒的人」、「熟悉葡萄酒的達人」。

**服飾品牌也是一樣的道理**。HERMES、CHANEL、LV、Akiko Sakai、COMME des GARÇONS、Yohji Yamamoto、Marc Jacobs、MAISON KITSUNÉ、THOM BROWNE等等。懂得越多，世界觀也越廣。

當你對這個世界有更多的認識，就可以跟大家聊「設計師換人了，整個品牌形象也復活了。」、「今年這個品牌很積極呢！」、「我比較喜歡以前的風格」等等。素養的學習，讓我知道自己的「無知之知」。等你有了這個認知，就向熟悉這方面領域的人請教竅門，繼續鑽研就會成為這個領域的達人。

20 最高學習法

**素養之道，非一日可及。**

21 HOW TO LEARN

# 學習是越了解越輕鬆

前面提過，真正的學習會讓人沉迷其中。首先針對感興趣的事物深入研究吧！另一方面，你不感興趣的世界或許藏著讓人意外的寶藏呢！有時候當你開始了解了，卻發現很吸引你，整個人完全沉迷其中。

**如果說從你出生到今天你所熱衷的事物造就了今日的你，一點也不為過。**你是被什麼東西所吸引，走到了今天呢？小學、國中到高中，或是二十歲左右時，你所熱衷的事物是什麼呢？

我念小學時，很迷創作歌手森田童子。同時我也是熱愛棒球的少年，經常打球打到天黑才肯回家。上了國中，加入田徑社，也突然開始拚學業。高中開始一個人的生活，還是依舊在田徑社努力。也迷上了長渕剛、尾崎亞美、水越惠子、松任谷由實、大瀧詠一等歌手，很懷念那段抱著吉它自彈自唱的時光。

朋友要組樂團，所以邀請我加入，就這樣開始了我的樂團生活，也愛上了以前從未聽過的 THE MODS、ARB、Hound Dog 的作品。上了大學，開始打工。從那時候開始，我的商業色彩越來越濃厚。二十歲時很崇拜田徑社恩師的思想，開始工作後，中島薰先生等前輩的卓越思想也讓我獲益良多。

現在我依舊會參加前輩的講座，把他說的內容錄音，再整理做筆記，跟朋友見面就聊前輩上課的內容，仔細輸入到可以模仿的程度。三十歲時，迷上了在信奉新時代運動（New Age）的社團中相當流行「巴夏理論」。雖然對於主張「選擇會讓你開心興奮的事」有所疑惑，還是讓自己接受這個新思維。

就這樣跟朋友互相勉勵，「只要能夠有這樣的了解不就好了？」、「我們可以做得更具體！」一直不斷地嘗試。我也在這個時候認識了經營 Sanctuary 出版社的高橋步先生。他那豪爽不拘的生活態度給了我很大的刺激，我也非常嚮往。到現在我們還是會一起去冒險，常會興奮地說：「我們一起去做點刺激的事吧！」

四十歲時接觸了機能腦科學家苫米地英人老師的學術理論，了解了何謂衝勁。到了五十歲，有了奉獻的想法，想助人圓夢。最近則是非常崇拜「把自己最想要的東西送給更想要的那個人，會讓你有意想不到的收穫」這個觀念，迄今依舊力行這個原則。奉獻、利他、FOR YOU、積德和 You First, Me Second 等名詞雖然字面形式不同，但是身邊的前輩們都指點我要往這個方向努力。

**不管是哪個時代，每個人都有崇拜的對象，並且以此為圭臬來建構自己的人生。**我非常喜歡像這樣腦力迸出火花的瞬間。透過學習認知會開啟我們的心門，從心中產生能量。

我們透過學習理解萬物，這個理解會引發更多未知的現象，督促我們不斷學習。**透過知曉，會讓我們豎起天線，進而發現各種前所未見的新奇事物。**

成為孕婦，發現街上有許多孕婦走動；想買車子，到處都會看到我想買的車子；想搬家時，就會在仲介公司看到喜歡的物件；喜歡哪位歌手，走在路上就會發現到處在播放最愛歌手的歌。

不是看看而已，要特地去尋找，就會看到；不是聽聽而已，而是要特地去聽並分辨。當想前進的方向更具體，你就會主動豎起天線，身邊風景也會有所改變，就朝著前方邁進就對了。

**反向思考的話，現在你所面臨的現實，可以想成是前不久你所勾勒的現實。**也有人想成為很有魅力的人，但你所想要的結果已經在現實中呈現了。重點是「希望擁有什麼樣的未來呢？」現在就著手勾勒才是重要。

所以，**請擬定學習計畫**。假設你要減肥，可以擬定「看五本瘦身書」、「閱讀十則與減肥有關的網路文章」、「找出五位想減肥的人，請教他們會採取的減肥方法」等計畫，每個計畫都完成，你就會得許多與減肥有關的知識。

如果想提升工作技能，你可以擬定如下的計畫「募集五位想提升工作技能的同伴，每個人看一本相關書籍，再一起分享書本內容及讀後感想」、「辦一場學習會，讓大家把所學寫出來，分享某人的學習成果，組成學習團隊」、「採訪已經成功提升工技能的五位前輩並錄音」。

有動力要學習很好，但如果因為不會設定目標，就浪費了這股動力，所以擬定學習計畫非常重要。

21

最高學習法

**凡事從了解這件事開始，了解以後就會敞開心門，接納更多事物。**

## ■ 學習是知道越多越開心

1
從出生到現在你所
熱衷的事物，造就
了今日的你。
2
知道自己的興趣，
決定好想前進的方向後，
就會主動豎起天線，
尋找自己想要的情報，
朝自己想走的路向前邁進。
3
眼前的現實正是
不久前的你所勾勒
的現實結果。
4
因此，
要擬定計畫！
5
確實擬定計畫，
就會朝理想中的自
我之道前進。

22 HOW TO LEARN

# 學習能增加人生的彩度

常聽人這麼說，**年幼時期的各種經驗塑造了每個人的人生樣貌**。尤其是「遇見這種事會覺得丟臉」、「那個人這樣說我，讓我感到自豪」、「被稱讚很開心」等的經驗，會在心中打造出情感的顏料。

有人是十二種顏色，有人是兩倍的二十四種顏色，也有人是更多的顏色。這個**情感顏料的豐富程度，將會成為你的資產**。讓孩子學鋼琴、培養美術鑑賞能力，讓孩子擁有美好的情感顏料，這就是所謂的「情操教育」。

人到了一定的年齡，可以擁有這樣的思維，會馬上找出與眼前現實景象極為相似的幼年經驗，將當時的情感顏料複製於眼前的現實景象。假設把現在發生的每件事當作是年幼時經歷過的體驗，透過改變現有的狀況就可以建構出新的現實。

**你現在所抱持的煩惱並不是現在才發生，而是因為年幼時的心痛經驗。**這個心痛經驗其實在六歲、十四歲、二十五歲或是三十五歲都會一再發生。

比方說，眼前那個人突然舉起手，你一定會反射性地先保護自己。可是，嬰兒不會這麼做。他看到有人舉起手，說不定會笑。因為他沒有被打的痛感經驗，也就沒有因經驗產生的情感顏料。

大人因為有過去的經歷，當有人舉起手的那一瞬間，他會本能地做出保護自己的動作；在聽到撞擊硬物發出的聲音，會瞬間回神，阻擋對方攻擊，保護自己。換句話說，已經成形的情感顏料就是以過往經驗為依據所架構的「我執思維」。

**而學習就是改變原有的情感顏料的手段**。認清自己的我執思維，轉換成新思維。比方說，過去曾經被雙親說過：「你是個怪胎，怪不得沒有朋友。」而心靈受過傷的人，當有人對他說你真是奇怪的人時，一定火冒三丈。

搞不好他會生氣地反駁：「你在胡說八道什麼！我哪裡奇怪了！」被罵的那個人一定會嚇一跳，心裡想：「怎麼回事？難道我戳到他的死穴？」

這個幼年心靈曾受過傷的人如果偶然聽到喜歡的人說：「我啊，喜歡奇怪的人。」，他原本的我執思想就會改寫為「奇怪的人不就是我嗎？」，反應也會截然不同，不會那麼激動。

相反地，如果是以前有女生對你說：「我最喜歡你的怪個性了。」的經驗的人，聽到人家說自己「你是個怪人」時，搞不好他會覺得「唉呀，真不好意思！」過去的經驗造就了你現在所擁有的情感顏料的顏色，就算是極為相似的經驗，也可能塗上相反的顏色。這樣的結果也會反映在人際關係上，絕對不要輕忽。

**對於發生的事情，我們會以情感形式來反應**。這些情感並不是現在才發生，而是將過去發生的每個情感經驗再一次重新組織，統合出的一個新事件罷了。所以，**現在的問題並不是問題，認為這件事是問題的過去才是問題所在**。

過去有什麼問題呢？那時候深植心中的各種委屈就是問題所在。委曲的情感就是「我絕對辦不到」、「我沒有那樣的價值」、「就算做了還是不行」、「都沒有人肯幫我」等的負面情緒。在你出現負面情緒時，如果有人給你忠告：「不過，你也換個角度想吧。」

於是，原本糾結在一起的線就瞬間解開了，你也豁然開朗，告訴自己「對啊，這麼想就對了！」這就是我執思維轉換的瞬間，也是顏料顏色改變的瞬間。這個我執思維塑造了你的人生模式。**因為思維改變了，人生也就改變了。**

有過一次把舊思維改變為新思維的經驗後，下一次再遇見相同的情況，就不會再出現不好的反應。這就是一種學習，所以**學習就是自我探求，讓你思考如何讓自己活得更好**，也可以說是跟自己對話。

**22**

**最高學習法**

**透過學習改變我執思維，與自己對話。**

## ■ 學習就是在增加內心的情感顏料

過去的思維架構了現在的想法 ➡ 自我執念塑造人生型態

「學習」就是…

從自我執念覺醒，換成新思維。

▶改變自己情感顏料的顏色。

可以改寫「情感顏料」

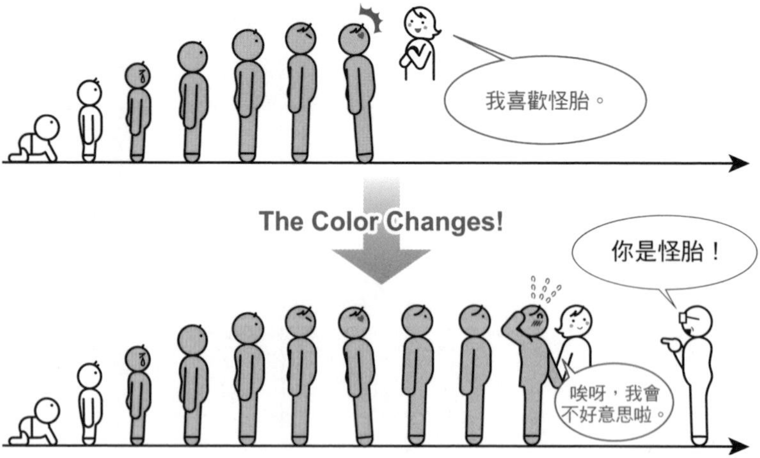

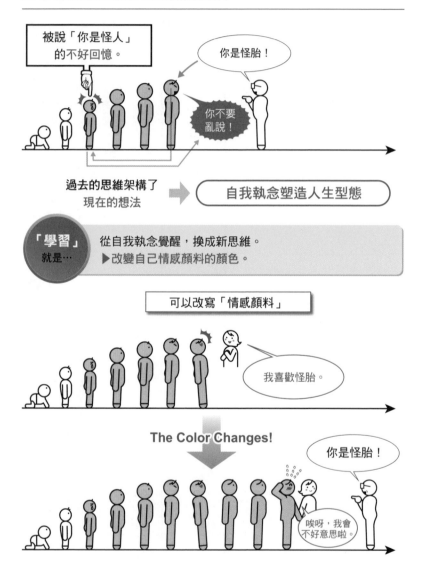

23 HOW TO LEARN

# 認識學習本質的寓言

以下的話是我朋友告訴我的。**所謂的人生，就是一直在這個循環裡輪迴的人類成長階段的故事。**第三章是講述學習本質，最後我想跟大家分享我朋友的這段話，請大家繼續看下去。

人一旦開始做某件事，就算一開始很順利，接下來還是會出現許多阻礙，最後陷入停滯狀態而一事無成。**到了這個地步，就剩下最後手段了。**比方說，向雙親低頭借錢，或者是低聲下氣向對手求一份工作。剩下的方法真的是最不想做的。

有強烈達成欲望的人會使用最後一招。然而，當最後一招也事與願違時，就真的是眼前一片黑暗，陷入黑暗的深淵。當一個人變得毫無生氣、消沉喪志，走進虛無的世界時，就會開始與自己對話：「我為什麼會做這件事？我到底是想成就什麼？」最後回歸原點。

於是，你就會重拾初衷，想起**「沒錯，我就是想讓身邊的人開心，天天綻放笑容」或「我想讓媽媽過著幸福的日子」**是自己原始的心願。當你重拾初衷時，又聽到思維比你更高的人說：「你就嘗試這麼做做看吧！」你會覺得這彷彿是來自上天的訊息。

於是，你就像抓到救命稻草般，決定放手一試。**因為是高次元身分或地位的人給的忠告，事情進展得很順利**。這時候你真的是發自內心地開心，開心地說：「真的很感謝！」向給你忠告的人道謝：「承您貴言，讓事情很順利。」

這位身分或地位比你高的貴人看你懂得感恩，覺得你很可愛，就更疼惜你。他就會再給你建言：「那麼，下次就這樣試試看吧！」你也聽話地照做，也非常努力，然後再次成功。

當你再次抱懷感恩的心，向貴人致謝，這位貴人會更喜歡你，甚至對你說：「下次你也來參加我的朋友聚會吧！」、「嗯，你可以跟我一起去嗎？」於是你很開心地出席，貴人還把你介紹給大家認識，在聚會中認識的人也給你建言，讓你的人生越來越順利。真的充滿感謝。

當這位貴人對你說：「你幫我做這個。」，你回答：「好，我知道了！」

一開始只是滿心感激，然後就努力達成使命。然後有一天，你向這位貴人報告：「我做好了。」，他只對你說：「喔，謝謝！」從這時候開始，你們漸行漸遠。你心裡還會想：「咦？怎麼只說謝謝，沒有別的話要跟我說嗎？」

本來他只要跟你說謝謝就好，你卻開始覺得不滿足，甚至有了我好像在幫你跑腿的想法。於是，挫折感開始出現，雖然整體看來還是很順遂，卻**不斷有挫折感浮現**。

於是，變得很在意週遭人的一舉一動。你心裡想：「之前就跟他說得很清楚了，為什麼他沒有那麼做呢？」就把除了自己以外的人全當成笨蛋。當你有了這樣的想法和態度，原本就跟你關係疏遠的人就會更遠離你。

這時候你還不以為意，心裡想：「算了，不跟那種人來往也沒關係。」結果，大家都一個個地離開你。等你察覺時，對你而言的重要人物都離開你了。這時候你才下定決心：「好，大家等著看吧，我一定會把你們再找回來！」然後又開始拚命地努力。

周遭的人看你如此努力，就會鼓勵你：「嗯，你很認真呢！還差一步，不要鬆懈，要堅持到底喔！」幫你加油打氣，讓你勇氣滿滿。可是，**雖然全心投**

**入，卻老是事與願違**。等你回過神，才發現自己被逼到只剩下最後手段的悲慘局面。沒辦法了，只好使出最後一招，結果無效，整個人生陷入黑暗中。於是，**再回歸原點……就這樣一直反複循環**。

各位聽了這個故事，是否覺得心裡的舊傷口又痛了起來呢？這個人生成長的循環故事，可以說是人生真理吧。關於這個宛若苦行僧的循環人生，我的朋友給了這樣的結論。「**不讓自己墜入這個負循環的方法只有一個**。」我問他：「究竟是什麼方法，你一定要告訴我。」

他說：「**做你真正想做的事**。」每個人都把真正想做的事擺在最後。昨天沒做完的事、今天必須做的事、明天必須先做的事，每天就為了這些事把自己弄到忙得團團轉。而且，很多人都覺得，要把該做的事完成以後，才能去做想做的事。

這位朋友給了我這樣的建議：「**不是做讓別人覺得你很棒的事，也不是為了要拍美照上傳至IG而做的事，去做你真正想做的事！**」他還說，當你這麼做以後，就不會陷入這個可怕的循環裡，你的人生才會有所成長。

當你做了最喜歡的事，身上就會洋溢著一股滿足感與成就感，雙眸會閃閃發亮，整個身體都在發光。我認為這樣就能讓你明白，自己原本應有的樣貌是什麼，對於自己的 TO BE（存在方式）也會有明確安定的想法。這樣就能不必經歷自傲、嫉妒和怨懟的過程，可以筆直地朝該走之路邁進。

23

最高學習法

**通往成功最近的捷徑就是，做自己真正喜歡的事。**

專欄 3

# 寄宿式的學習宿舍

我一直很自豪高中時期住的「中村宿舍」。這個宿舍培育出許多後來的知名人物，有神之手稱號的外科醫生、電影導演、知名小說家、教師或政治家，活躍於各行業的企業人士等。

更讓人驕傲的是，現在大家還會找機會聚在一起，因為這個中村宿舍的第一號住宿者就是我。放學以後，大家會圍著餐桌開心聊天，最後聊天總會變成議論會。覺得當時的情景跟手塚治虫、赤塚不二夫等一流漫畫家在成名前居住的「常盤莊」很像。

當時的我看到每位室友對政治和經濟都瞭若指掌，真的大受刺激與驚嚇。我問他們：「為什麼大家這麼懂這方面的事呢？」他們告訴我：「我想應該是看書的關係吧！」

除了我以外，每個人都是喜愛閱讀的書蟲。於是有一天我下定決心，到了書店花一個小時選書。買了夏目漱石的《少爺》！雖然讀了，但還是不行，完全讀不下去，就一直被我冷凍在書架上。

後來有一天，某位學弟來我房間。他是個學霸，一邊讀書一邊打工，大學升學考試前夕還在打工，還考上京都大學，真的很厲害。他看到我擺在書架的《少爺》。

「學長，這是你買的嗎？」

「……」當時我覺得很丟臉，完全說不出話。

「對初閱者來說，這本書很艱澀。學長，你應該看不下吧？」

後來他陪我去書局，為我選了一本適合的書。

「這本也很有趣，這本也不錯。這一本最棒了。」

他陸續從書架上取出好幾本書。我問他：「這些你全部看過了？」他說：「不只這些。」當我聽到它說這間書店的書幾乎都看過了，我嚇了一大跳。他幫我選的書是有「微型小說之神」稱號的星新一先生的作品，還說：「從這本開始看，應該會讓你越看越有興趣。」

這本書成為我的讀書人生的濫觴。而且，這間「中村宿舍」也可以說是我們的人生出發點。

邂逅的對象會大幅改變你的人生。
發生的事也會讓接下來的人生情節有所改變。
當下你面對事情的態度，會影響你未來的人生。

擁有學習場所的人，可以創造豐富精采的人生。
能邂逅共同學習的朋友，就能擁有優質人生。
請珍惜你的創意與點子，打造最棒的唯一一次人生。

第 4 章

HOW TO LEARN

# 讓輸出極大化的輸入法（傳統媒介編）

第四章的主題是為了完美輸出的輸入法（傳統媒介編）。學習是由輸入與輸出兩個步驟組成。本章節想跟各位聊聊，如何輸入新事物，以及學習工具，以及在輸入時的注意事項。

24 HOW TO LEARN

# 圖表式整理，簡單易懂

第一章是教大家從身邊知道答案的人開始學，把對方的能力轉換為自己的實力。第二章則告訴各位，如果沒有機會遇見學習達人，參加講座或看影片，也是很棒的學習管道。那麼，不管你的學習管道是直接或間接，都需要把學到的知識更有效率地自我輸入。

輸入時，**使用圖表整理歸納是我的最佳武器**。大家都知道，圖表是資訊的視覺表示圖，是圖、表或曲線等的總稱。將工作流程（flow）可視化時所書寫的東西就叫做流程圖，也就是我所謂的圖表。

**我在國中時，從社會科老師身上學到了圖表的做法**。這位女老師真的很特別，當時她出了這樣的作業「在下一次上課時，請把四十六頁至四十九頁的內容整理成圖表」。每次都是出圖表整理的作業給大家，要我們用圖、表和箭頭將教科書內容填寫在表格裡。

這位女老師會在上課前先到教室，然後指名同學——「〇〇同學，今天就麻煩你上台畫圖表。」被指名的人就在黑板畫圖表。當上課的鐘聲響起，被指名的同學就上台解說。

「繩文土器和彌生土器的差異是……」

被指名的同學就指著黑板上自己畫的圖表，講解指定好的教科書內容。

「你的表現越來越好了……」

到了後半場老師才出現，她會予以指正：「我認為這個地方不要用等號，用箭頭符號比較好。」或是稱讚：「關於文化、土器、習慣的差異，使用對比方式是比較容易看懂。」

課程的後半部，老師也會傳授圖表化的祕訣。

「好，大家聽好！〇〇同學整理的非常好。下一次請整理課本五十頁至五十五頁的內容。那麼，今天的課就到這裡結束。」然後隨著響起的鐘聲，瀟灑地走出教室。

授課的事由學生負責，老師傳授圖表的作法。所謂「教就是學」，透過這樣的經驗讓我們學到了學習的方法。關於社會科的授課內容我現在已經記不得了，不過老師教的圖表畫法到今日都很實用。如果你這麼寫：「持續出大太陽的話，農作物會長不好，農村就會陷入貧困中……」很花時間。

我會習慣這麼寫：「日照強↓農作物╳↓村、貧困」，我已經養成圖表表達的方式了。我不是只把老師在黑板上畫的圖依樣畫在筆記本上，我連老師說的流程組合、說話語調的強弱、重點，以及結論全用圖表表示。

因為這樣，我參加講座時，書記內容的速度最快。**與人交談時，我也很自然地使用圖表來記錄重點**。就我的印象而言，我會覺得全文字的書就像是一本MOOK（像雜誌那麼大本的書）。暢銷的商管書經常會變成MOOK版，可是我會希望放更多圖表更好。

**善用圖表，真的更簡單易懂**。比方說，如果書的內容寫著「○○祕訣有六個」，然後後面出現大篇幅的文字，你必須從密密麻麻的文字中找出六個祕訣才行。可是，如果換成圖表，只要從寫著「○○祕訣」的邊框畫出六個箭頭，再於箭頭處分別寫上祕訣即可。這樣更容易看懂，也很有親和力。

假設第一個祕訣有三個重點，就在這個祕訣的框框裡並列標示「重點一」、「重點二」、「重點三」即可。如果三個重點中有一個重點特別重要，只要在這個重點著色即可。總之，相較於全是文字的文章，整理成圖表確實相當淺顯易懂，而且一眼就能看到文章所要表達的重點。

在此傳授各位常會遇到的國語長篇文章閱讀測驗問題的解答祕訣，當文章出現「說明三件事」時，可用紅框把每個問題的內容框起來。同樣地，將「可是」或「總之」等接續詞部分用紅框框起來，就可以更容易了解文章的結構。利用類圖表的方式來閱讀，將文章的構造可視化，更容易看懂。

**我也採用圖表方式寫演講稿**。有人會一字一字寫出來，譬如「大家好，我是山崎拓巳。早上起床時，心想快遲到了吧……」可是，一旦看著稿子看錯地方了，就會不曉得自己講到哪裡。因此，我會先想好演講內容的順序，再用圖表標示流程。

「今天早上來這裡的路上」↓「第二次照訪這裡的事」↓「跟主辦人是老朋友」↓「前幾天做的夢」↓「今天要說的事有三大項」↓「一、二是……」↓「然後三是……」↓「首先關於一」。**準備演講內容設計圖，眼睛看著流程的圖表，說完這段話接下來要說什麼，完全一目瞭然**就能很流暢地完成演講。

當你會使用圖表稿來進行演講，你在發言時也會變得流暢。聽者也會大感

## ■ 為什麼圖表整理法比較淺顯易懂呢？

**文章形式**

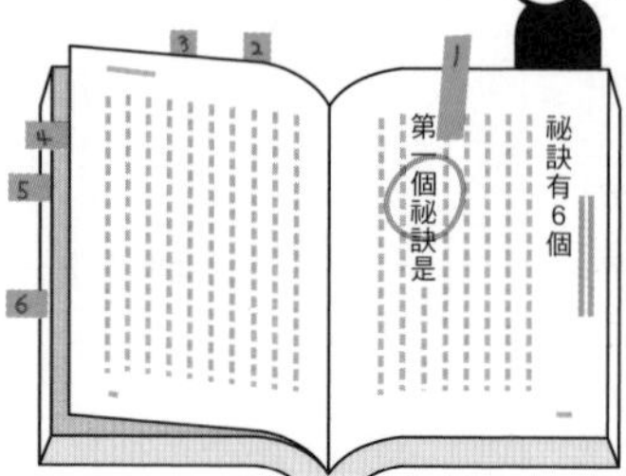
3
2
1
4
5
6
第一個祕訣是
祕訣有6個

必須從龐大的內容中
挑出重點。

**圖表形式**

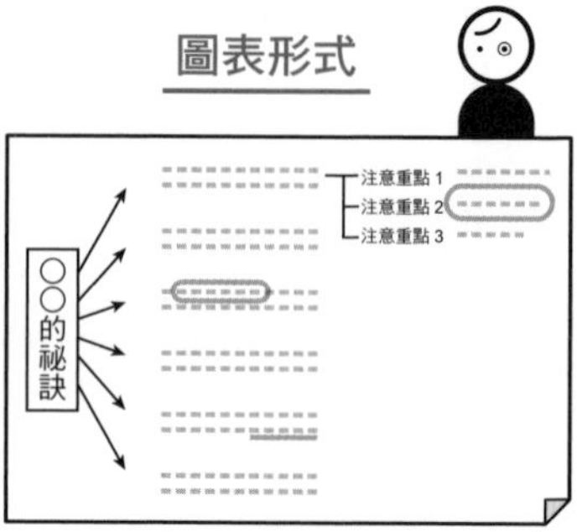
○○的祕訣
注意重點 1
注意重點 2
注意重點 3

一眼就能看遍整個內容，
重點也一目瞭然。

**相當簡單明瞭**

### ◉於內容標示虛擬圖表

★用紅框把接續詞框起來，
將內容架構可視化。

也就是說
然後
但是

### ◉演講稿內容的發言順序予以圖像化

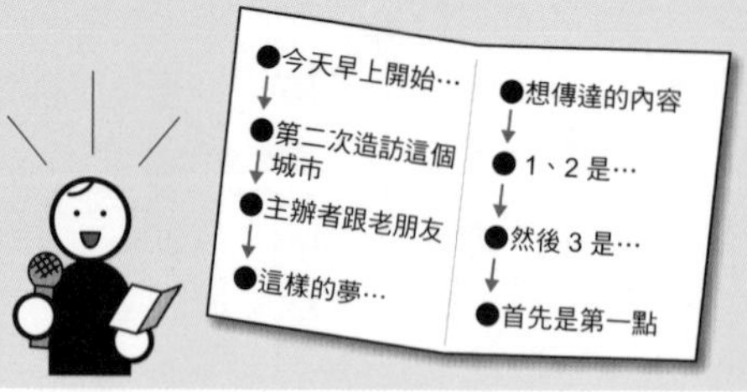
●今天早上開始…
●第二次造訪這個城市
●主辦者跟老朋友
●這樣的夢…
●想傳達的內容
●1、2 是…
●然後 3 是…
●首先是第一點

如果直接看原稿，只要一次看漏了，就不曉得接下來要從哪裏講起……

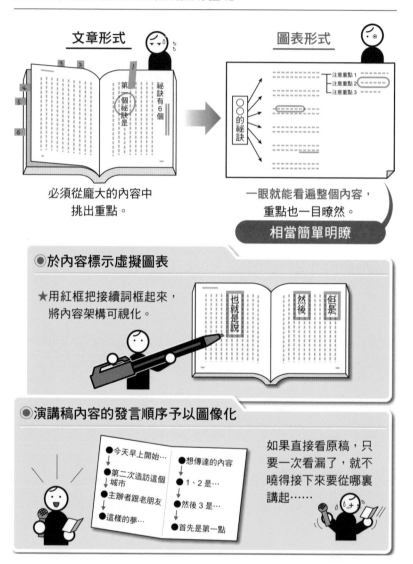

訝異：「怎麼說的這麼簡單明瞭啊！」就會全然接受你所說的。

假設是這樣的流程圖，「有一股想去旅行的衝動」→「因為已經厭倦每天的生活」→「思考如何讓自己再重新充滿活力。試著提出三個重點。「一」→「二」→「三」→「這三個重點就是讓我振作的元素。這樣的話，應該去哪裡旅行呢？」→「於是，找到了最佳地點」。

沿著流程圖來架構發言內容，可以讓你輕鬆表達，同時聽者也更容易接受。這是非常有效的演說方式，請你一定要挑戰看看。至今我依舊非常感謝傳授我這個好用輸入法的老師。

24
最高學習法

**圖表整理法是輸入時的必備武器。**

25 HOW TO LEARN

# 比傾聽更有效的輸入學習法！

比方說參加講座時。我會當下將講師說的內容以圖表整理，記錄在筆記本裡。對某些人來說，會覺得這麼做不可能，你可以將所聽到的內容全部記下來，事後再以圖表整理即可。

不過，如果是可以錄音的講座，就可以先錄音，回家後再慢慢圖表整理。如果不能錄音，要把講師的話全部記下來是個高難度的工作。因此，我希望各位先在大腦的角落裡建立一個觀念，「不需要把聽到的每句話都記下來」。**轉換一下所聽到的內容，再變成自己的話記下來即可**。

我在做講座筆記時，圖表內所填寫的字也不全是將講師說的話一字不漏地完全記下來。記錄的內容是我經過思考後的話語或換成其他文字。我就是利用上述的方式，把資料輸入大腦裡。

我還可以跟各位分享一件事，**在筆記的同時，也可以把超出演講者所說內

## ■ 參加演講「發現自己內心的盒子」時的筆記

**容的事項記下來**。我在聽講者說話時，他的話語觸動我的點子或相關事情，全部輸入在筆記裡。

比方說，我會想到「可以試著跟那個人聯絡看看！」或「怪不得每次都不成功」、「總覺得哪裡不對勁，到底哪裡有問題呢？」所以，只要參加講座，我的腦袋就一直在轉，超忙的！

25

最高學習法

## 輸入筆記的內容可以超越現實！

26 HOW TO LEARN

# 慎選輸入工具

寫筆記時，你與筆的契合度會影響筆記品質。請找出你喜歡的筆，活用你的品味與本能。此外，也要慎選紙張或筆記本。希望以寫的舒適、畫的暢快和美化心靈的感覺，愉悅地輸入，再快樂輸出。

**這種讓人近乎舒暢的體驗，會轉換為樂在學習的經驗，而且在腦海與心靈留下深刻記憶，甚至影響你的行為，創造新的人生。**

我喜歡的筆是很容易買到的三菱鉛筆「uniBall Signo」系列，**其中我最喜歡的是刻印著「太字」（粗體）的品項**。我會隨身攜帶替換筆芯，因為沒有它就會心情不好！這個系列的筆書寫品質非常好，完全不像原子筆，筆觸就像用蠟筆般柔軟，而且寫出來的文字就像是印刷字體。用手指沾水滲色，就能畫出像油性粉蠟筆的漸層感。

**我用的筆記本是跟朋友一同製作的產品**。我很喜歡在歐洲看到的筆記本，

## ■ 三菱鉛筆「uniBall Signo 太字」系列

■非常流暢，一寫就停不了。

■沾水滲色，就能畫出像油性粉蠟筆的漸層感。

決定跟朋友嘗試重現那樣的產品。

我跟朋友說：「如果在日本能買到我在歐洲看到的筆記本，不知道有多棒。我們試著做做看，好嗎？」於是募集了想擁有這款筆記本的朋友，每次都想出不同的裝訂方式，也仔細挑選紙張厚度及品質，每次的設計案只生產一次，相同的設計絕對不做第二次。

平日就使用我們自己生產的筆記本來記錄東西，用完了再絞盡腦汁想另一個設計案，再生產使用。我和那位好朋友合作二十多年了，就在幾年前那位好朋友過世後，就沒有再生產筆記本。這個筆記本成為我和他的重要回憶。

後來我就用**「MOLESKINE」的筆記本**。就是梵谷、畢卡索、海明威等名人都用過的知名筆記本。我常畫插畫，**購買筆記本的絕對條件就是，紙張必須是素面無花樣**。紙色是**不傷眼睛的米黃色**，翻閱容易，**書寫或畫畫也很流暢**。不過，我**只用一面來記錄**，紙張背面要保留空白。

因為我討厭複寫的感覺，但其實還有另一個原因。就是將來我出名的話，這些筆記本就會成為我的遺物，子孫可以把這些筆記本的每一張紙裱框拍賣。因此，我一定要變得更出名才行。剛好我在學生時代就練習過簽名，這個經驗

## ■ 梵谷和畢卡索都愛用的「MOLESKINE」筆記本

■不傷害眼睛的米黃色紙色，容易翻閱，書寫起來也很流暢。

■我只寫單面而已，理由是……（笑）。

也影響了我後來的想法，才會決定筆記本只寫一面（笑）。

最近我又使用了新的記錄工具。**我開始使用 iPad Pro 和 Apple Pencil 做筆記**，可以馬上著色，而且色彩非常鮮豔，還可以複製手寫文字，有許多紙上筆記辦不到的魔法。

開會時也能派上用場，我會馬上使用 AirDrop 功能，跟對方分享檔案，真的太方便了。雖然我還是有點抗拒在玻璃螢幕上寫字，但這個組合實在是超級方便的工具，還在猶豫是否要使用的人，誠摯建議您試用看看。

檔案可以分類保管，還以更新不同手機的資料，使用起來比想像中還便利。以目標達成率來比較鍵盤輸入和手寫輸入的差異，手寫輸入的達成率是四十二％，高於鍵盤輸入。

可是，鍵盤輸入的達成率也不差，而且在輸入時會有一種喜悅感，學習過程中，能有這樣的感受體驗非常重要。

26
最高學習法
**慎選筆和筆記本！**

## ■ iPad Pro 和 Apple Pencil 讓人沉浸於書寫世界的樂趣中

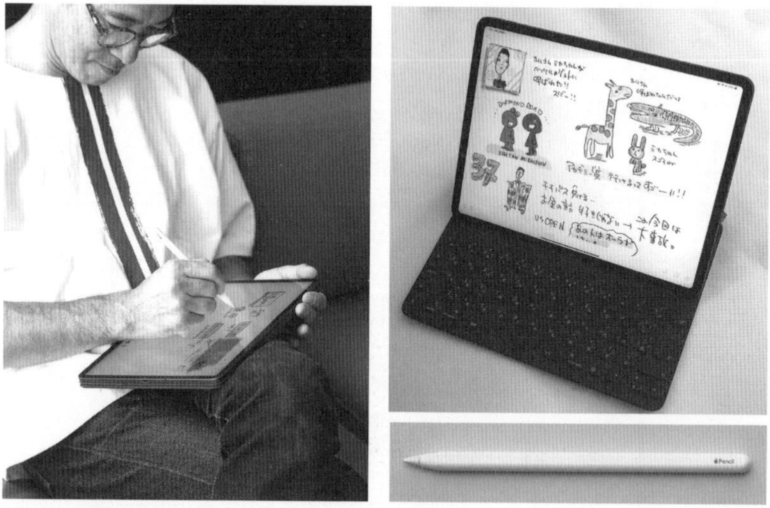

■利於攜帶，外出方便，出差或開會時的必備品。

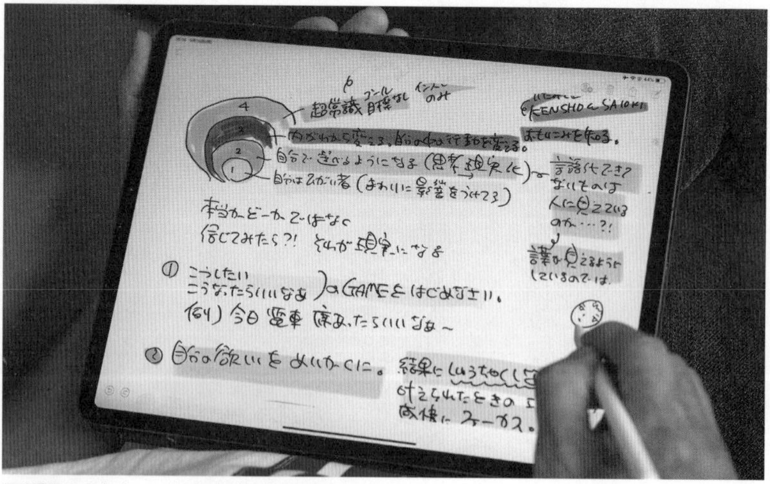


■還可以上色，以畫畫的感覺寫筆記。

27 HOW TO LEARN

# 手寫的學習效果

每次跟朋友見面時，常會問我：「你是如何管理行程呢？」各位又是如何管理行程呢？我是絕對的手寫記錄管理派，當然也會使用數位日程管理工具。任何一種工具都可以管理飛機搭乘時間或講座資訊等資料，但基本上我還是喜歡記在行程記事本上。

我很重視手寫輸入的這個過程。我覺得**「手寫」的經驗非常重要**。在有限的紙面上寫下「18:00　跟涼喝茶　星巴克@六本木」，後來再翻閱時會有「我到底在寫什麼？」因為看不懂而感到焦慮時。這種情況雖然常發生，但我還是喜歡手寫筆記。

將預定行程數位化管理，會覺得時間變冷冰冰。我之所以堅持把行程記在筆記本上，是因為筆寫的強弱感和字體的速度感會讓這個約會行程更真實，同時也將我的心意注入其中。

**使用數位工具輸入行程的話，會覺得出現在螢幕上那些排好的行程似乎不是很重要的事，而且字面顏色濃淡都一樣**，我就是不喜歡這樣的感覺。

也曾有人一臉嚴肅、擔心地對我說：「萬一筆記本不見了，你怎麼辦？」這個問題正是讓我經常覺得恐慌的原因，所以我會定期拍照，將資料備份儲存。雖然很費工費時，但我就是喜歡紙張的手感。

準備升學考試的學生確實可以採取更方便的方法激勵自己，用電腦打出「絕對上榜！」四個字，然後印出來，再放大字體影印，貼在房間激勵自己。不過，總覺得力道太弱了。

手寫的魄力會變成推你一把的動力。你可以找一隻粗體的麥克筆，如果想更正式的話，還可以**用毛筆寫下「絕對上榜！」四個字，再貼在房間牆上，一定能震撼你的靈魂**。這麼做一定會讓你充滿鬥志。

前幾天跟某位演員朋友喝茶時，他對我說：「我現在可以傳達心念了。」如他所言，如果有嬰兒在哭，他就在心裡念著：「沒事的，沒事的，不哭！」那個嬰兒百分百會接收到他的心念，然後就不哭了。我稱讚他：「你好棒！」結果他否定我的稱讚：「並不是我很棒，每個人都能辦得到。」

據他所言，每個人都有傳達心念的能力。會傳達心念並非做不到，而且我們時常對每個人傳達心念，只是自己不自覺。他說，是傳達心念的結果造就了今日的自己。因此，管理好自己的心靈非常重要，當你有所焦慮或是討厭某人時，一定要控制自己的情緒。絕對不要忽略負面情緒。當你情緒不穩定時，邪念會在不知不覺中傳達給別人。

我馬上表示同意並說：「真的，確實是這樣！」我真的覺得是傳送出去的心念結果，造就了每個人的人生。在你寫下「要做什麼？」的任務（TO DO）時，一定要思考「我該怎麼做？」的方法（TO BE），這一點非常重要。

你要成為能夠控制自己情緒的人。牢記「心情不好等於微犯罪」這句話，思考自己該如何行動，想想自己該如何做才能讓這件事情、這個行程或這個約會圓滿完成。因此，我喜歡**手寫安排行程，這樣就能將我的心念一起輸入**。

27 最高學習法

**手寫具有電腦輸入所沒有的心念傳輸能量！**

## ■ 手寫筆記的目標達成率較高

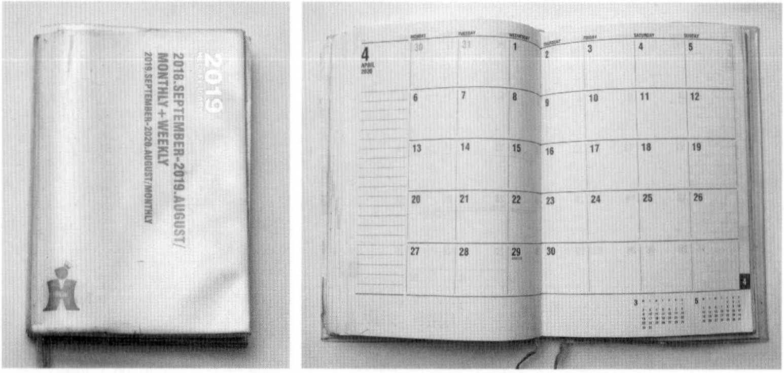


■光是想要把每格格子填滿，心裡就好興奮與激動。

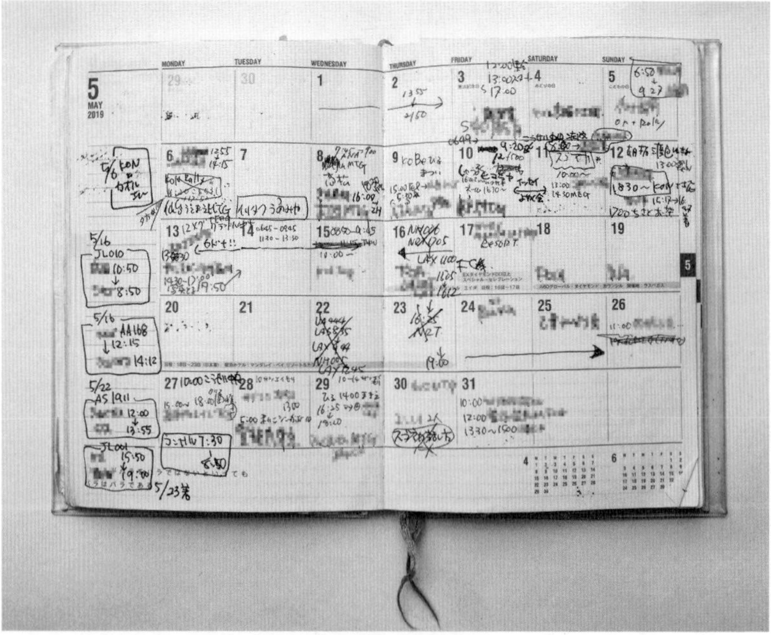


■換不同顏色的筆記錄，更有立體感也更清晰。

28 HOW TO LEARN

# 替身輸入法

我覺得透過講座學習是一件相當振奮人心的事，是我最愛的學習模式。我是長大後，才真正體會到學習的樂趣。學生時代大家是齊頭式的學習，所以很少有真正鶴立雞群的人。不過，**許多人出社會以後就停止學習，即使是大器晚成的烏龜也能超越優秀的兔子**。

因為，出社會後的學習才是改變人生的學習。雖然這麼說，也會遇到和行程撞期，無法出席的講座。這時候就會感嘆：「唉，這個講座絕對能讓我學到東西，我應該要想盡辦法參加的。可是……」

還有，有時候也會遇到朋友跟我說：「我今天要參加這樣的講座。」心裡是羡慕得不得了。這時候我會上網調查講師的資料，並觀賞他的 You Tube 影片，結果讓我更想參加。

但是因為行程撞期無法參加，我會拜託那位朋友：「請你一定要做筆記，

**然後借我看喔！」**透過他當場親耳所聽、親眼所看，吸收學習後再整理的資訊進行間接式的學習。

有時候我會拜託朋友代我參加講座：「出席費我出，你代替我參加可以嗎？」拜託朋友去上課，並將上課內容寫成報告給我。同時我會告訴朋友講座有多棒，多有價值，如果不去會後悔等等。如此一來，**朋友就必須寫報告，這樣他也會集中精神傾聽，寫出完美的報告**。

還有人事後會說：「我生平以來第一次這麼認真聽課。」聽者不同，得到的東西也不一樣。出席講座的人也會受感動而成長學習，我又能拿到報告，真是太幸運了。我就能更有效率地安排自己的時間，同時我跟那個朋友的友誼也更上一層樓，這真是個對每個人都有利的安排。

人只要一句話就足以改變人生，雖然有點誇大其辭。不過，常常會因為一句話而影響我們的思維，體悟到時代趨勢。因此，參加講座或請人代替出席，寫報告這些事都是對未來的投資，價值無法估算。

人生苦短，一天的時間也很短。只要一個疏忽，昨天未完成的事、今天的工作，以及明天想先做的事就會滿載。

我希望大家每天都提醒自己，「如何好好過日子」透過學習，好好扮演自我人生這部電影的主角。如果有想參加，卻無法出席的講座，就讓朋友參加。**分享學習的點子，對你的未來必有助益。**

28

最高學習法

**自己無法出席講座時，請朋友代為出席並做筆記。**

29 HOW TO LEARN

# 在玩樂的狀態下激勵自己

跟各位分享我在準備大學升學考試時的故事。當時我終日埋首於體育世界中，滿腦子只想著運動的事，但也要為後來的升學考試找到可以一次解決的好方法。看著我買來堆積如山的參考書，整個人坐在書堆前，心中只有焦慮二字。如果再繼續這樣，一定來不及。我不可能看完所有的參考書，就算急著想挑戰，卻完全無法集中精神。當時我真的以為自己已經不可能考上大學。

就在這時候，我決定嘗試這個方法。首先是**分析過去五年的入學考試**，從頭看每個題目，學習教科書來「分析題目是從哪個單元出來的」。**重點在於考前猜題**。自己分析出題傾向，自己規定讀書的範圍，將讀書量減少，減輕努力負擔（參考三十二頁）。

**接下來就是購買薄的題庫**。找出預想的問題在這本薄的題庫的第幾頁，貼上標籤然後解題，徹底記住答案和解題方法。**我只能鑽研這些部分，並堅持這**

**樣的讀書方式。**

出題範圍對我來說太廣了，我只能做這樣的取捨。如果看到和這本題庫刊登的問題相似的題目，我就能解開！當時我已經下定決心，告訴自己：「如果出了這本題庫沒有的問題，就當作自己運氣差。」我仔細閱讀題庫的每個題目、答案，同時學習解題方法，最後也有所體悟：「原來這樣就能解出答案啊！」

我把搞懂的內容寫成筆記，貼在題庫上。我不是寫在筆記本上，而是把整本題庫拼貼化整理。**我在題庫畫上最擅長的插畫，還做了一眼就能看到的標示，自製會有插畫出其不意彈跳出來，類似立體繪本的題庫和參考書。**等我回神時，發現原本很單薄的題庫變得越來越厚。

這本題庫本身就像藝術品一樣。以升學考試為主題的獨創前衛藝術。成為我最心愛的寶貝，真的覺得它超可愛。好像一隻變胖的寵物，而且是每天越來越胖。

自己在做測驗時，心裡就會想：「啊，我竟然做了這樣的東西！就是那個，那個像風琴一樣拼貼的頁面。」於是，**使用膠水和釘書機拼貼的經驗與回**

## ■ 在玩樂的狀態下還能激勵自己

感到驚訝的時候，當時發生的事會清楚刻印在大腦的記憶裡。 → 把當下的學習當成一個事件！

作者透過插畫重現他的自製題庫和參考書。

作者親筆示範！
讓人驚奇的立體彈跳式自製題庫與參考書。
將題庫拼貼化整理
可愛的寶貝！
變胖的寵物！
像風琴一樣的拼貼內頁。
以升學考式為主題的獨創前衛藝術作品！
使用膠水和釘書機拼貼的經驗與回憶跟問題及答案緊密結合在一起。

「挑戰看看吧～」「是這樣嗎？」
「真是這樣嗎？」「原來如此！」……

因為觸動了心，就會記憶深刻。

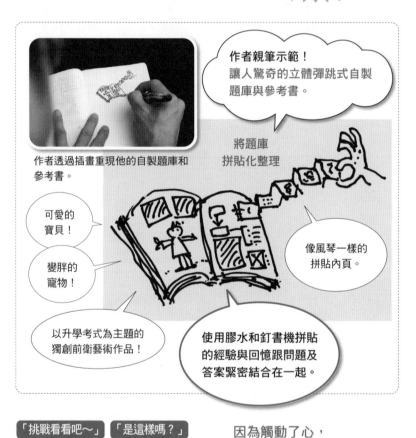

**憶就跟問題及答案緊密結合在一起。**

感到驚訝時，當時發生的事會清楚刻印在大腦裡。把當下的學習當成一個事件，心裡想著：「挑戰看看吧~」、「是這樣嗎？」、「真是這樣嗎？」、「原來如此！」於是心靈觸動了，就會記憶深刻。

我也在其他方面下了許多工夫。為了記住地層名稱還彈吉他作曲，還把要記住的名詞畫成漫畫，貼滿廁所的牆。我在練習田徑賽的時候學到了一個道理，如果你心生討厭，那件事就會永遠學不會，所以對於學習這件事我真是費盡心思。

我是田徑隊選手，平日就要練習，當我沒有鬥志不想練習時，就會一個人在路上跑。就這樣我跑到了書店前，走進書店站著看了《田徑賽》、《田徑Magazine》等雜誌。「啊，來了！」頓時一股衝勁從體內油然而生，我再度走出書店，回到操場激烈地練習。

當你沒有鬥志時，不要逼自己努力，而是要想辦法讓自己充滿鬥志。譬如化學元素，當時我們是以「水兵里貝伊特的船」，分別對應的元素為H、He、Li、Be、B、C、N、O、F、Ne的口訣來記元素週期表。這完全是題外話，長大後就會知道只要記下面的英文字就能輕鬆記住。介紹元素週期表的背誦祕訣不是我的工作，所以割愛不聊了。

我想要告訴各位的是，有可以讓你更開心、簡單記憶的方法。有一本使用雙關語背英文單字的書。請參考第二章我提過的《插畫記憶法牢記一千八百八十個英文單字》這本書。各位心裡應該會這麼想：「啊，我在學生時代就很想能有這麼一本書。」。

工作也是一樣。抱持厭惡的心情工作，就會頻頻出錯，那就努力讓自己開心吧！有個方法叫做微習慣，只要把該做的事習慣化就好。這個道理人人都懂，但是就難在真正付諸實行。因此，我推薦微習慣這個方法。**微習慣＝微小的習慣，也就是把絕對做得到的微小行為習慣化**。

假設「每天做一次伏地挺身」一次的話，誰都能做到。而且，做一次的話，就能持之以恆每天做。你要努力讓自己成為高手。或是想要養成不搭電梯，走樓梯的習慣。如果你沒有一開始就這麼做，這個習慣就培養不成。可是，爬三層樓然後下樓卻搭電梯，這樣也行得通吧。最後你還是會養成爬樓梯的習慣。

「1」的365次分是1，可是「1.01」的365次方比「37」大，「1.02」的365次方則比「1377」大。抱著微笑的心情**累積小小的努力，驚喜的未來正在等著你**。

29 最高學習法

**沒有鬥志時，就不要逼自己努力，而是想辦法讓自己充滿鬥志。**

專欄 4

# 越是無趣的事物，越要用喜悅之心接納

即使是必做的事，如果做起來不開心，硬逼自己去做，只是在浪費時間罷了。既然得做，希望可以開心地做。做得不開心，也不會有好結果。讀書、練習、工作等等，人生必須做的事情實在太多了。

因此在這種時候，我就會想可不可以把討厭的事情變成開心的事，讓自己樂在其中。在我之前的拙著《神奇賺錢術》中，介紹了念小學時，我曾幫忙家裡的珍珠養殖事業，在清理貝殼垃圾時，為了把這份無趣的工作變有趣，要求母親買碼表給我的故事。

如果是一般人，會以道德標準要求自己，認真把事做好。但是我是堅持「人如果做事做的不開心，就不會有好結果」理念的人。高中時期的田徑隊練習比想像中還輕鬆，導致我常有「這樣下去，我們應該贏不了比賽吧」的疑慮。如果這種程度的練習無法得勝，那我要照我的想法去做！我想做可以贏的練習，於是我跟其他隊友說：

「等我們出社會後，沒有多餘的心力奉獻在不會賺錢的事情上。所以，我們要珍惜現在的寶貴時光，不該虛度！」

隊友們全部贊同我的話。我們就瞞著老師，從事我們自己排定的高難度練習行程。我從書中學到了要自己給自己打氣的這句話，並跟隊友們分享，大家無視老師安排的練習行程，全都發自內心地進行高難度的訓練。

當我練得氣喘吁吁，難受得快死的時候，跟學弟們有了這樣的對話。

「你知道為什麼要練習得這麼辛苦嗎？神告訴我，再這樣練習下去會死的，這樣不是很好嗎？因為再往前衝就到達神的境界了！你也想看看神的境界是怎麼樣的吧。」

「我想看！」

「好！那就一起往前衝！」

在最辛苦的時候，能抵達神的境界，再辛苦的練習也會讓人樂在其中。

學習也是一樣的道理，保持快樂愉悅的態度非常重要。

第 5 章

# HOW TO LEARN

# 讓輸出極大化的輸入法（數位媒介編）

第五章的主題是為了完美輸出的輸入法（數位媒介編）。我每天會把關注的事，吸引我的事物、覺得很棒的事等等，一一輸入儲存。雲端記事軟體「Evernote」就是儲存這些輸入資料的抽屜。本章節將針對這個什麼都能輸入的數位工具詳細介紹。

30 HOW TO LEARN

# Evernote是個沒有底限的「抽屜」

以前曾聽某位朋友說過：「人腦是個無底洞。」然後我一直把這句話記在心裡。所謂的輸入就是，製作存放各類型資訊的抽屜，再將這些資料放進這些抽屜的行為。

本章節介紹的**「Evernote」就是將資訊永久保管於各抽屜的外接硬碟**。雖然儲存量有限制，不過它確實是不管存入多少資訊，也不會溢出的魔法抽屜，說它是個無底洞抽屜也不為過。

當我向朋友介紹Evernote時，竟然有人說不知道該放什麼資料才好呢？讓我大感訝異。於是我回答他：「什麼資料都可以儲存啊！」我將以前記在筆記本的資料，以及收集的剪報，全部儲存在這個軟體裡。尤其是**讓你天線打開的事物、工作所需的資料、喜歡的畫或美食店家情報等，不管是哪種資訊，請全部儲存在這個軟體裡**。

比方說澀谷美食、夏威夷美食或紐約美食等等的「美食資訊系列」，當你到這些地方旅遊時，這些資料就能派上用場。如果把哪天可能會用到的資料以書面形式保存，總有一天紙張會難以辨識。可是，現在有了Evernote，就不怕這些資料會消失不見。

**我會把手寫筆記的重點或行程表拍照下來，然後儲存在Evernote裡**，只要有手機，就能馬上看到這些資料。影片容量大，我會把影片的You Tube網址（URL）貼在Evernote裡。

比方說，我**跟朋友聊天，突然想到某句話或某個點子，我會馬上記下來，再傳送郵件給自己**。在整理郵件時，就會看到那時候傳給自己的信，然後再深入搜尋研究。我會在You Tube搜尋有沒有人在談論這個話題，會閱覽幾則相關的網路記事，我會想知道更多。

這時候，Evernote就要出場了。我會複製You Tube的網址或記事內容，再貼到Evernote儲存。這時候**有個重要步驟絕對不能忽略，就是貼標籤**。你要仔細想想，下一次當你搜尋這份筆記資料時，會想到哪些關鍵字。假設你現在要深入研究「居無定所工作者」（Address Hopper）這個主題。

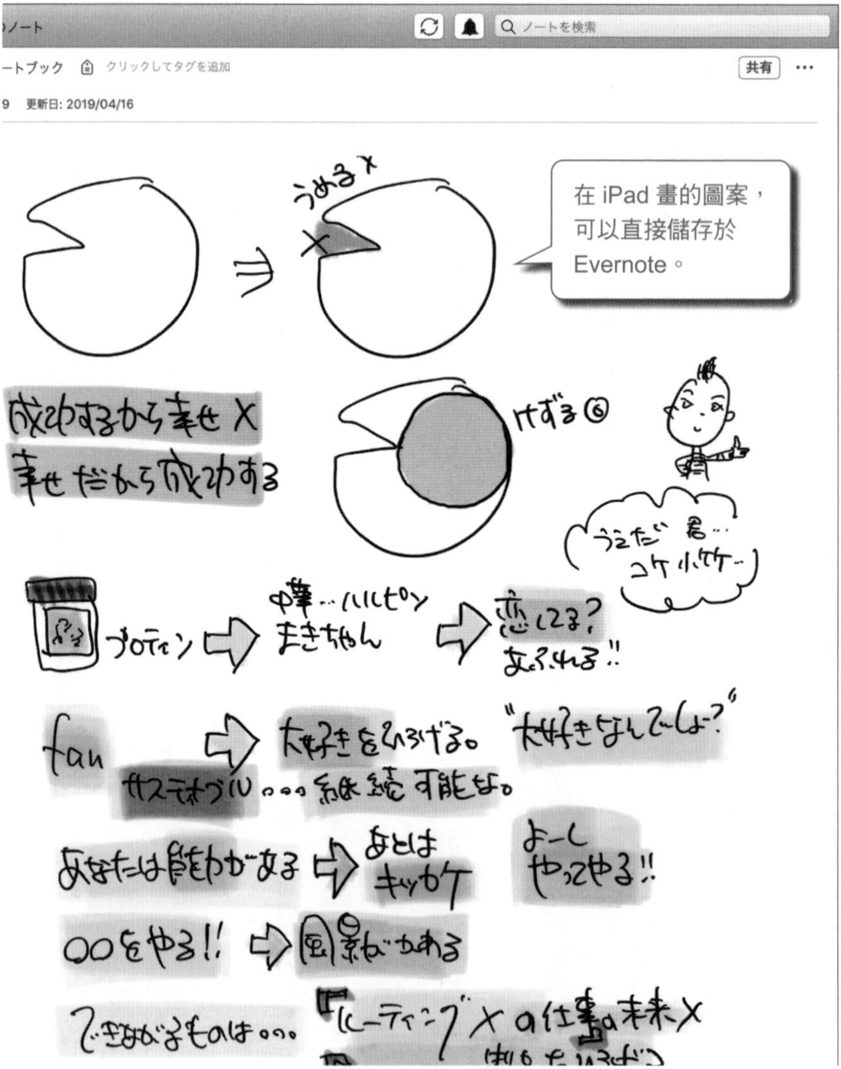

ノートを検索
ートブック
クリックしてタグを追加
共有
更新日: 2019/04/16
在 iPad 畫的圖案，
可以直接儲存於
Evernote。
成功するから幸せ X
幸せだから成功する
プロテイン
まきちゃん
恋してる?
fan
大好きを広げる。
サステナブル。。。継続可能な。
あなたは能力がある
あとは
キッカケ
よーし
やってやる!!
風景が変わる

## ■ 想到的點子全部儲存在 Evernote 裡

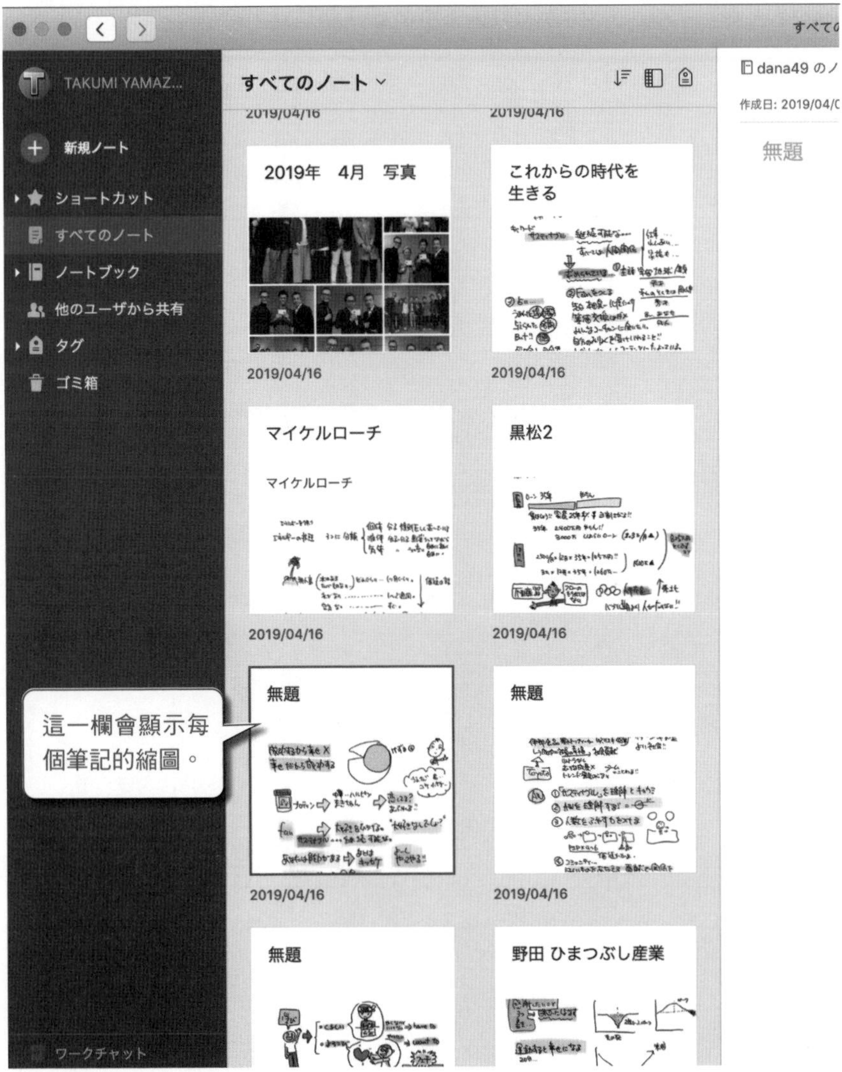

我想你的標籤一定有「遊牧民族」、「家」等關鍵字。因為居無定所工作者是指沒有固定住所，以飯店或民宿為家的工作者。當你在想「從事那種工作的人該如何稱呼？」時，就會聯想到「遊牧民族」、「沒有家」等名詞，就以這些關鍵字在Evernote搜尋，最後一定會找到「居無定所工作者」的資訊。

我們沒辦法把所有的筆記本帶在身上，可是**有了Evernote，隨時都能調出你記錄過的資料，什麼時候想看都沒問題。只要把資料存進去，必要時就可以找出來看**。而且，就算你是在電腦輸入資料，也可以從手機裡查找。

我當然不是Evernote的代言人，其他還有許多功能相似的軟體，請一定要找出最適合自己的工具。不論什麼資料，總有一天都會因某種問題而消失，所以我會把照片存在電腦裡，還上傳至雲端儲存。也會上傳至部落格等軟體，只要多幾個備份儲存，就能留下重要的回憶。

可是，我還是會擔心不夠安全，就把上傳至部落格的照片全部轉貼於Evernote，標題為「二〇一九年四月照片」，還附上「照片」的標籤。這樣就等於有雙層、三層的保護，也才更安心。講課的時候，這個魔法抽屜也發揮極大功用。

此外，我自己寫的部落格也幫了不少忙。在**部落格搜尋框輸入關鍵字**，就**能調出以前寫過的文章記事**。我會參考這些資料，編寫成講課內容。

30

最高學習法

**Evernote 是資料保管處，也是專屬於你的超級資料庫。**

31 HOW TO LEARN

# Evernote的優點

這個單元想對還不認識「Evernote」的讀者，做個簡單的介紹。「Evernote」是Evernote Corporation公司所開發提供的雲端儲存服務軟體，專門用來記錄與儲存資料。**簡單地說，就是筆記工具**。主要優點如下。

**○優點一　形式不拘**

除了可儲存文字，還可以儲存圖像、音源、影片等各種不同形式的資料。全部可以儲存在note的記憶體裡，不需要依資料種類分類，非常方便。

**○優點二　多款裝置都適用**

因為是透過雲端管理資料，多款裝置都適用，即使換了裝置，都能隨時讀取內容。不論電腦、手機或平板，都可以儲存和讀取。

### ○優點三　有搜尋功能

可以透過關鍵字搜尋存在 Evernote 裡的資料。在記錄時，先附個簡易標籤，只要輸入「東京、澀谷、美食」等關鍵字，就能讀取所有相關資訊。

### ○優點四　可跟其他使用者分享

Evernote 裡的資料可與其他使用者共享，也可以網路公開。免費版的話，其他使用者無法編輯資料；如果是收費版，其他使用者也可以編輯內容。

### ○優點五　可做為事務管理工具

比方說，搭車上班時突然想到今天要做的工作，可以馬上從手機追加新的工作，到了公司再讀取即可。

### ○優點六　可以設定密碼

Evernote 可以依記事分類，分別設定密碼。因此，簡單資訊就直接記錄，重要資訊再設密碼。萬一手機丟了，也能阻止重要資訊外漏。

各位看了以上內容，有何想法？原本不認識 Evernote 的人，現在應該對 Evernote 有具體概念了吧。此外，如果將電子票券的圖檔儲入 Evernote，你可以到機場從手機讀取電子票券，不需要再慌慌張張地找機票。還有，輸入護照照片的話，出國時就算沒有隨身攜代護照，也可以購物。Evernote 真的有許多便利的用法。

最後介紹收費方案，有免費的入門方案、付費的進階方案、法人方案等等好幾種的付費方案。至於金額，常會有異動，請至官網查詢。**免費與付費的方案所提供的服務內容和容量不同，可視自己的使用習慣選擇。**

31

最高學習法

**讓 Evernote 成為管理生活和工作的好幫手。**

## ■ Evernote 的優點

優點 1
形式不拘

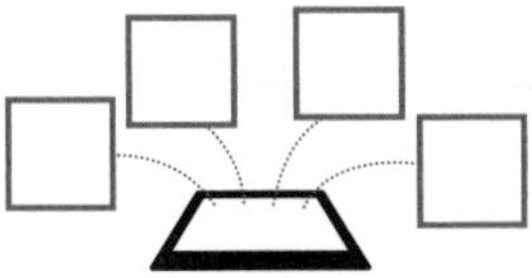

優點 2
多種裝置都適用

優點 3
有搜尋功能

優點 4
可跟其他使用者分享

優點 5
可做為事務管理工具

優點 6
可以設定密碼

32 HOW TO LEARN

# 利用 Evernote 打造知識百寶箱

去理容院剪髮時會看雜誌，這時候我會忙著拍下雜誌的內容。我都是拍介紹美味餐廳的情報或是喜歡的服飾品牌，回家後會把這些資料輸入 Evernote 裡。以前每次要找之前拍的照片都找不到。後來有朋友告訴我 Evernote 很方便，我才開始使用，不過，現在已經想不起來那個朋友是誰了。

我想借此向那位朋友致謝，是他讓我知道現在有這麼方便的軟體，而且在生活、工作和人生規劃上都提供了極大的助益，因為現在是資訊化社會。

在以前的狩獵民族時代或農耕民族時代，人類是優勢的民族，可以捕獲許多獵物，種植許多的農作物。懂得狩獵或耕種，又懂保管、交易和擬定計畫的人，會成為大家的領導者。

產業革命以後，加速工業化的進程，領導者的形象也有所改變。到了現代的資訊革命興起，**資訊落差導致貧富差距**。我們只花數年的時間，就把上一代接收到的情報量全部接收完畢。收集情報不再是成為優秀領導者的方法。

現代是情報過剩的時代。如果把所有資訊裝進腦子裡，腦袋一定會爆炸。**重點在於能不能從龐大的資訊中，挑選真正需要的情報**。比方說，網路上散布著許多假消息，也有許多是上廁所的塗鴉畫。因此，情報收集就是如何從雜亂無章的眾多情報中，或是有人刻意操作的情報裡找到你真正想要的重要情報。

**收集情報時的第二個重點就是，如何整理收集到的情報**。如果把這麼多的情報都儲存在一起，當容量超越某個限度時，就會搜尋不到你想要的資料。要能夠善用情報，第二個必備條件就是情報整理能力，要清楚知道情報存在哪，要用時馬上就能找到。

這個工夫在考驗你平日的勤奮程度與敏銳度。你的心經常被觸動，比方說「咦，這部電影怎麼這麼棒！」、「原來如此，這句話真棒！」、「我想記住它，拍個照吧！」

重點是，你要把這些資訊記在「想看的電影」或「@@@的名言」的頁面裡。也可以直接輸入在Evernote裡，不過我的作法通常是先記下來再輸入。

**第三個重點是，可以輕易找到所需資料的方法**。前面我已提過，一定要妥

べてのノート
ノートを検索
のノートブック
イラスト
スゴイ学び方
絵
スゴイ
/05/07　更新日: 2019/05/07
イ学び方　イラスト
會顯示出附標籤的關鍵字
これさえやれば よい。
頭のいい人が解ける問題
合格
解ける人が合格する!!
だれもが解ける問題
なぜ学ぶのか?
yes, it is!!
It's Now!!
GOALのむこうにパラダイスがある!!
君はそのパラダイスをみつけてるのか?!
GOAL
ゴールはゴールじゃなかった。
こ、こたえだよ
本当に正しい努力を

## ■ 妥善附上標籤就能迅速讀取到資料

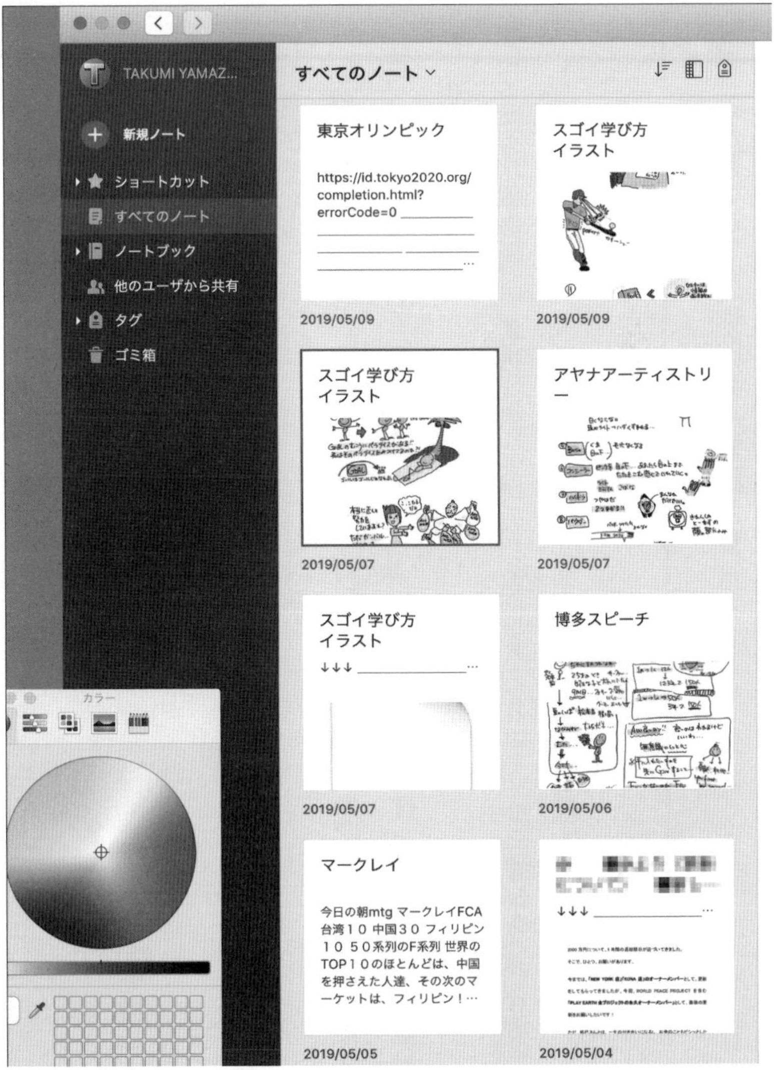

善附上標籤，就可以迅速找到你想要的資料。至於附標籤的祕訣，就是想想自己如果要找這些資料的話，會用什麼關鍵字搜尋。

我在撰寫本書時，將原本記在筆記本裡與有關學習法的插圖或圖像掃描下來，儲存在Evernote裡。因為情報太龐大了，我自己也不清楚有什麼資料。日後**要搜尋資料時，可以使用插圖、超棒學習法、圖像等等關鍵字搜尋，就能讀取想要的資料**。

如果有時間，光是瀏覽Evernote的資料，也會覺得很開心。這種感覺就像在看全是由你喜歡的文章組成的雜誌，也很像打開小時候專門用來收藏最寶貝物品的百寶箱。

Evernote的內容就是你喜歡的情報集合體。收集在Evernote的眾多資料將會成為讓你更了解自己的捷徑，也能讓我俯瞰自己是什麼樣的人。

32

最高學習法

**Evernote是你的專用知識百寶箱。**

33 HOW TO LEARN

# 把創意元素輸入 Evernote

我有畫畫的習慣，也有定期舉辦個展。我待在紐約時，每年都會認識一些收藏家，也充滿信心地持續作畫。

當時一直夢想有一天自己會成為成功的畫家，第一次在 SOHO 區舉辦個展是一九九〇年的事。各位有機會的話，請一定要看一看。輸入網址 **http://www.taku.gr.jp** 就會看到我的作品。

有在畫畫的我瀏覽雜誌或網路資訊時，常會有讓我心動的瞬間。走在街上也會邂逅鍾意的海報；欣賞服飾店的櫥窗時，也會有「咦？」的反應，不要錯過任何讓你動心的瞬間。

「哇！我剛剛心動了！」、「奇怪？我是對什麼有反應呢？」這樣的感覺非常重要，要好好珍惜。我會珍惜這些瞬間，目的並非只是為了畫畫而已。

不要錯過你對某人的發言，感到動心的時刻，這就像是把自己的心向第三者敞開的感覺。**雖然不曉得動心或驚喜是什麼樣的感覺，但絕對不要錯過讓你有這些感覺的人事物**。有時候心動的反應是種壓迫感或焦慮感，這時候就要找出造成這種情緒的原因。

為什麼會對這幅畫有反應？為什麼會被這句話震憾？去感受造成這些情緒背後的能量。**讓你有所感動的圖畫或文章，就貼在 Evernote 裡**。

標示出「繪畫資料」、「動人金句」等主題，再儲存起來，這個動作也在考驗你的勤奮度與敏銳度。大家應該都有碰過找不到資料的經驗，讓你心動的東西就是你的寶物，請謹慎收藏。

關於圖像資料，**除了可儲存在 Evernote，也可以使用「Pinterest」的圖像收藏軟體**。Pinterest 是可以將網路圖片收藏於自己版面的軟體，其意思就如其名，用針釘起來。

Pinterest 是非常適合收藏照片或藝術類資訊的軟體，對從事藝術相關工作的人而言，絕對是是讓人愛不釋手的工具。簡單來說就是，把自己珍藏的圖像，擺在倉庫裡收納的服務軟體。

**Pinterest 還有相似圖像搜尋功能**，非常方便好用。只要養成收集圖像的習慣，就會玩到停不了手。總之，我會把被感動的圖像儲存在 Evernote 或 Pinterest。然後，偶爾打開看看，就會有被心愛之物環繞的幸福感。**其實，這就是我的創意源頭**，這些資料就是話題集，只收藏我喜歡的寶物。

比方說，我喜歡《愛麗絲夢遊仙境》的世界觀。當我想畫個充滿愛麗絲氛圍的畫時，就點開「愛麗絲」的抽屜。之前我收集的《愛麗絲夢遊仙境》的資料就會跑出來。眺望著這些東西，等待靈感降臨，就像是一種儀式。

好比高更和梵谷看了日本的浮世繪，因而得到了靈感，創造了印象畫派；柯比意是從煙管和貝殼獲得靈感。現代的這些記事軟體，就好比當時的浮世繪、煙管或貝殼。

不過，就算是多麼喜歡的圖像，看很多次以後也會像嚼了很久而無味的口香糖，毫無刺激感。因此，在觀看眺望時，一定要抱持著緊張興奮的心態。還有**不要怠於收集資料，要讓新的收藏品越來越多**。

這裡是只收集你自己人生當中讓你感動的人事物。光是眺望這個小宇宙，

ホームフィード
フォロー中
Takumi
9+
招待する
可以像收集剪貼簿一樣，把自己喜歡的圖像在網路儲存。
整理する
プライバシー

## ■ 推薦藝術相關工作者使用 Pinterest

検索
可以獨樂樂，也可以跟他人分享。
takumi yamazaki
43 ピン・377 フォロワー
自分のピン
その他のアイデア
成功へのアクセスコード

就能獲得療癒或心情振奮，並且喚起許多新點子。請你一定要嘗試這個形式的輸入法。

33

最高學習法

**Evernote 是創想源頭。**

34 HOW TO LEARN

# Evernote 的商務活用法

第五章的最後，想介紹各位 Evernote 的商務活用法。Evernote 是個魔法整理箱，不過它可以跟朋友共享，是個便利的工具。也就是說，請把它想成是**能與其他人共享資訊的資料夾**。

Evernote 可以管理進度相關資料，以及會一起使用到的 PowerPoint、KeyNote 等等的檔案都能儲存。譬如在 iPad 裝置使用 Apple Pencil 記事，召開會議，可以透過 AirDrop 將資料傳送至對方的 iPhone（參考一四九頁以後的內容）。

事先將這些資料儲存在 Evernote，日後當你想要回顧工作進程時，就可以打開這個資料夾。**Evernote 不像紙張會因為時間的經過而劣化或消失**。

散居世界各地的朋友也可以在他們的照片上貼上姓名、電子郵件、FB 網址等資料。可用「東京朋友」、「關西朋友」、「久州朋友」等標題形式管理。偶爾回顧翻閱時，就可以立刻聯繫和見面。如果只依賴自己的記憶力，絕對不可能抓到這樣的好機會。**Evernote 簡直就是強大的外接硬碟**。

我試著查閱自己的 Evernote，選出喜歡的主題。比方說「寫書的點子」、「峇里島二〇一九」、「從望月同學身上學到的事」、「中文」、「近藤麻理惠」、「心靈管理」、「日式鹽烤松魚」、「Sumie 快樂企劃」、「Himalaya」、「照相機」、「燒酌名月」、「絕種動物」等。

「寫書的點子」是我收集了有關新書的靈感。

「峇里島二〇一九」是我將二〇一九年的峇里島之旅所留下的資料，以及跟旅行社聯繫的資料複製下來，然後再經過整理後貼在 Evernote 裡。

「從望月同學身上學到的事」是我與望月談話的記錄或內容。

「中文」是山崎拓巳式雙關語中文記事。

「近藤麻理惠」是《怦然心動的人生整理魔法》的筆記資料。

「心靈管理」是我的心靈管理講座的原稿。

「日式鹽烤松魚」是有銷售這道美食的網購店家網址資料。

「Sumie 快樂企劃」是我為了取悅母親 Sumie 女士所寫的記事資料。
「Himalaya」是我自己的音源作品的劇本原稿資料（參考下一頁）。
「照相機」是我到處收集與照相機有關的資訊。
「燒酌名月」是宮崎縣的絕品燒酌「名月」的網址。
「絕種動物」為了作畫所收集的資料。

各位應該能理解，**我把 Evernote 當成是自己的專屬資料室，把所有感興趣的資訊全丟到這裡儲存起來**。

想起「那個是什麼啊？」的時候，就是進入搜尋的關鍵，不論是生活或職場，都相當好用而且便利。此外，在你寫電子郵件時，它也是一個非常便利的工具。

比方說，你覺得這一次寫的郵件很棒，想保留的話，可以儲存在 Evernote 裡的「專屬電子信箱」。

要寄郵件給相關人士時，這個已儲存的電子郵件內容就可以當做樣版使用，不用再花腦筋思考郵件內容。只要複製貼上，馬上就能寄出。**對於在工作**

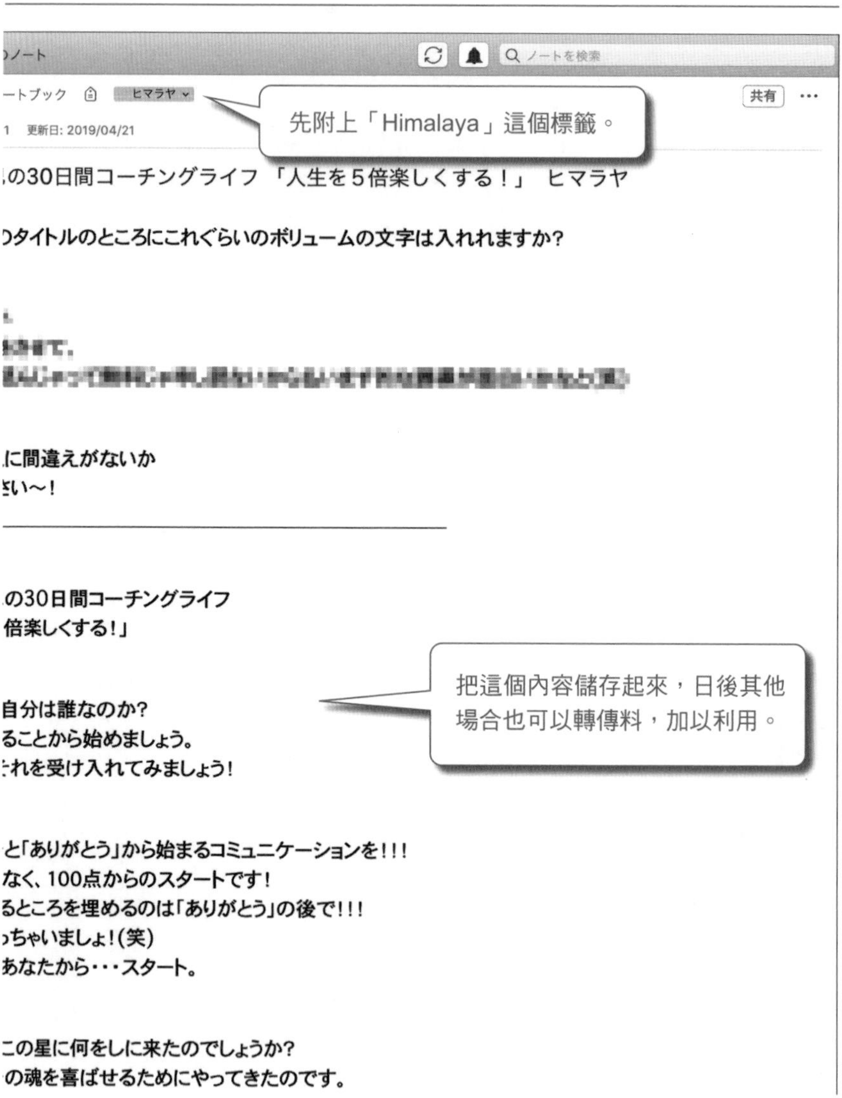
ノート
Q ノートを検索
ートブック
ヒマラヤ
共有
更新日: 2019/04/21
先附上「Himalaya」這個標籤。
の30日間コーチングライフ 「人生を５倍楽しくする！」 ヒマラヤ
タイトルのところにこれぐらいのボリュームの文字は入れれますか?
に間違えがないか
さい〜!
の30日間コーチングライフ
倍楽しくする!」
把這個內容儲存起來，日後其他場合也可以轉傳料，加以利用。
自分は誰なのか?
ることから始めましょう。
これを受け入れてみましょう!
と「ありがとう」から始まるコミュニケーションを!!!
なく、100点からのスタートです!
るところを埋めるのは「ありがとう」の後で!!!
ちゃいましょ!(笑)
あなたから・・・スタート。
この星に何をしに来たのでしょうか?
の魂を喜ばせるためにやってきたのです。

## ■ Himalaya 錄音檔劇本

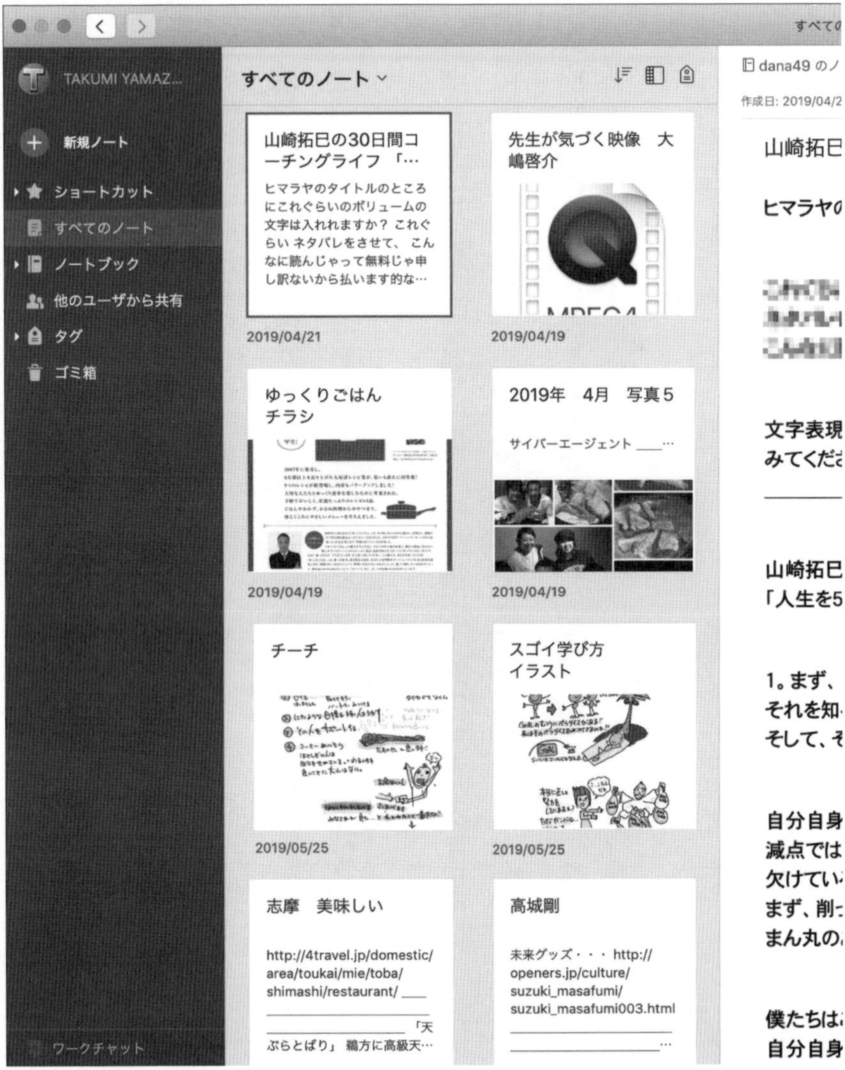

**上常會遇到相同狀況的人而言，Evernote 確實是便利的儲存空間。**當然還有其他的使用方式。

譬如你在 YouTube 看到讓人感動的影片或廣告，想分享給別人，可以附加在電子郵件裡，一起寄給對方。為了因應這個情況，你就可以把這些影片存在「感動影片」的資料夾裡。

**既然可以轉寄、再分享，當然也可以當成講座的 Power Point 資料使用。**或是直接把 Power Point 存在 Evernote，與現場的同事們分享，大家可以馬上共用。

而且你可以幫充滿各種回憶的物品拍照，然後放在 Evernote 保管，接著就可以把這些東西丟掉。你無法捨棄的並不是這些充滿回憶的物品，而是回憶本身。

各位是否已經躍躍欲試了呢？對我而言，**Evernote 就像是一位能力超強的祕書。**

在第四章和第五章介紹了輸入法。**輸出情報的品質與輸入量成正比，必須是高品質的輸出才行。**可是，即使你已輸入的大量情報，如果沒有整理，**無法**

**迅速讀取到資料，等於你根本沒有真正輸入這些情報**。我真心覺得，每個人都該使用 Evernote 看看。

34

最高學習法

**優秀的輸入品質，會造就高品質的輸出結果。**

# 開始經營部落格的原因

部落格是我的情報發送中心。剛開始寫部落格時，真的是在摸索狀態下開始的。因為某家出版社編輯的一句話，讓我開始了部落格生涯。

他說：「您可以把書籍出版前的過程，在部落格上發表嗎？」雖然他問我「可以嗎？」但是那時候根本沒有人知道什麼是部落格。總之，我開始寫部落格了，但是當時心中滿是疑惑：「我到底該寫什麼東西才好呢？」

我覺得沒有人喜歡閱讀長文，那就把這一刻發生的事情寫下來好了，然後我就像一個人在喃喃自語般，把「好想睡喔！」、「起床了！」、「現在要去睡覺了！」、「早安～」、「今天學到一件事，真的長知識了～」當下的感覺全部寫下來。就某個層面來看，我是以推特的使用方法來開始寫部落格。不過，在那個年代，並沒有推特這個東西。

可是，當讀者看了我寫的東西之後會留言說：「之前我去過那間店，真的非常美味呢！」當時我在心裡唸唸有辭地說：「咦！有人看了我寫的東西嗎？」心裡非常開心，更樂於撰寫部落格。

這種即時發文的行為，就好像培訓遊戲中的角色，會一直思考如何讓看見我文章的人感到開心。就在這樣不斷嘗試的過程中，最後終於明白什麼樣的文章會贏得多數人的青睞。

「就是這樣沒錯！人們會想閱讀『有相同困擾』、『對自己有所幫助』的文章！」在我分析每篇文章的熱門指數後，明白了這個道理。於是，「如果把自己學到的東西拿出來分享，撰寫想傳達的最新訊息，一定會吸引許多讀者」的原理，這就是我現在的部落格文章雛型。部落格就是留下我每天生活足跡的學習日記，也是那個時代的標記，一個外接智慧裝置。

第 6 章

HOW TO LEARN

# 會輸出，才是會學習

第六章是透過輸出成果完成整個學習流程。已吸收知識要透過輸出，才算得到真正的智慧。將買進的商品陳列在架上，吸引顧客購買，等於將商品交到客人手上。
因為有了輸出的行為，輸入才算完成。本章節將介紹輸出效果與輸出方法。

35 HOW TO LEARN

# 為了輸出成果，就要輸入學習

參加講座時，都會打起精神做筆記。我不是只做筆記，還會邊畫圖表，旁邊再加註說明。旁人看我這麼做，會覺得我是全神貫注在輸入吸收，其實我同時**將聽進去的內容輸出了**。而且我在做這些事時很開心，簡直是樂此不疲。

長大後才體會到學習的樂趣，選擇自己喜歡的領域，開始學習。體會過因學習讓自我成長的人，都懂得讓人生更豐盛的方法。因此，他們會把工作變成更具意義的事，也能因工作成果獲得大筆財富。

透過學習讓學習更精進，也能獲得更豐厚學習成效的機會。與工作無關的學習也是加強自我魅力的一個方法，它會讓你成為有素養和魅力的人。如果一個平常愛開玩笑的人，有一天突然聊到「畢卡索與馬諦斯在法國南部進行藝術創作的差異」話題，你會因為他展現出不同的一面而感動吧。

**不同平日的反差可以更強化魅力**。如果學校最壞的學生在放學後的音樂教室裡彈琴，你會有何想法呢。能讓你的魅力更具特色的反差是什麼呢？

我在二十歲時邂逅了許多很有魅力的大人，他們說的話、思維模式、舉止行為和穿戴全部都很耀眼，讓我深深嚮往。對我而言，在年輕時邂逅這些貴人是極為奢華的人生體驗。我為了成為那樣的人，然後拚命學習。

因為崇拜會化為動機。念高中時崇拜學長，不是會自然而然地模仿他的說話方式、舉止行動，想擁有跟他一樣的東西嗎？不管到幾歲，我的這種想法都不會消失。

我們時刻都在崇拜或模仿某人。當我們知道崇拜的那個人的某些事情，就會想跟別人分享，這股衝動是無法抑制的。受感動時會很想告訴某人，想跟他一起感動。於是，**為了要傳達而學習**的模式就成立了。因為**以傳達和告知為前提的學習，就會激發更多動力**。

小學時不愛讀書，成績也不算好。可是，每次聽完老師的講解，都會想：「現在班上有多少人聽懂老師說的？」我常在想：「剛剛那個地方如果這樣說明的話，大家都會理解吧！」雖然功課不好，卻一直在異想世界中幻想。

下課時我會向朋友確認：「剛剛老師說的你聽得懂嗎？」當我找到不懂的

同學，就會用自己的方式說明：「剛剛那個就是這樣啦！」看到朋友聽懂了，就會很開心。我想我就是在那個時候體悟到，**教導別人更容易記住**的道理。

**在傾聽階段，只懂一半。將聽到的再說給別人聽，才算得到完整的知識。**因為當我們從某人身上得知有趣的事或好的想法時，想跟別人分享的衝動就會油然而生。

寫書也是一種衝動，因為很想告訴你，想跟你分享了解之後的感動，然後再透過你告訴其他人，在我不可及的世界裡激起了感動的連鎖效應。**傳達以後，學習才完整，因為你傳達的事產生感想的連鎖反應，學習就會更深入。**

聽了我的話的人，對我說「原來如此」、「是這樣啊」、「好深奧」、「嗯，那個我懂」的瞬間，我會整個人陶醉在喜悅之中，那是一種極致的快樂。曾體悟到這種感覺的人，以及未曾體悟到這種感覺的人，兩者的人生會有極大的差異。當你跟他人有同感時，那種快樂是超越極限，更甚於開心。當對方接受並認同我說的話時，會有一股難以言喻的狂喜油然而生。心裡會想：「啊，我想讓他更加動。」

透過自己所學能幫助別人，這是最棒的事。總而言之，**透過學習能讓自己**

有所成長的願望，以及想貢獻他人的願望能同時實現。

自我探求是輸入，貢獻是輸出。因此，輸入和輸出是同時並存的。因為有輸入，才有輸出；為了輸出，而有輸入，**要兩者配套成立**。如果能透過學習讓你周遭的世界成長，擁有幸福，這不是最棒的嗎？是否心動了呢？這就是學習的真正價值。

35

最高學習法

**輸入和輸出是一體的兩面，缺一不可。**

36 HOW TO LEARN

# 透過傳達，讓學習更精進

**自己所學之事，透過傳達給別人知道，讓你的學習更精進。**將學習之事、感動之事分享給別人，即使是參加講座或是泡茶時，都可以對別人說：「喂、喂，我告訴你喔，我聽到一段很棒的話。」當你分享給旁人時，這段知識就會化成記憶永刻腦海，還會升級為有用的智慧。

與人分享學習成果或感動的事，人生會更有深度。**當你一再重複與人分享，你的話術會越磨越亮，變成能用精簡易懂的語言呈現。**在重複分享的過程中，你的話語會濃縮為美麗詩句，甚至標題化。

當你旅行歸來，跟大家談論這次的義大利之旅時，第五次、第十次的內容一定會比第一次時精簡，也會充滿歡樂，內容更加有趣。最後可能會用俳句形式發言了（笑）。

每講一次，內容會更濃縮、更純熟。因為學習內容變得有深度、有味道。

通常**相同的話說五遍以後，就會成為自己的東西**。

請用你現在想對別人傳達的話來實驗看看。有意識的說個五遍，剛開始會雜亂無章，然後你就會知道「啊！在講述主題之前，如果加入這樣的說明，大家會更容易聽懂」，你就會稍微編輯加工。

再多說幾遍後，你會察覺「咦？這裡難道這麼說會比較好？」會有新的發現。也會發現「原來還有這樣的例子可以譬喻啊」，會懂得引用其他案例來說明，懂得深入淺出的說話訣竅。

傾聽者也會有所回饋，讓你的內容更豐厚。**點與點連結起來，就會串成視野寬廣有深度的邏輯內容**。於是，內容變得更濃醇有味，說出的話語會變成精簡的標題化形式，說話時間自然會縮短。

於是，當你的話語變得濃厚有深度，就能感動傾聽的人，看到對方的反應，你會這麼想：「雖然是我從〇〇聽來的話，但好像大家比較接受我說的！」最後就會連「這是我從〇〇那兒聽來的話」的這段引言也省略了。

因為不知何時起，你已經開始把從外來得到的情報化成自己的知識。通常重複說五遍以後，就會有上述的成果。剛開始你可能會一邊看筆記一邊說，但

## ■ 透過傳達，讓學習更精進

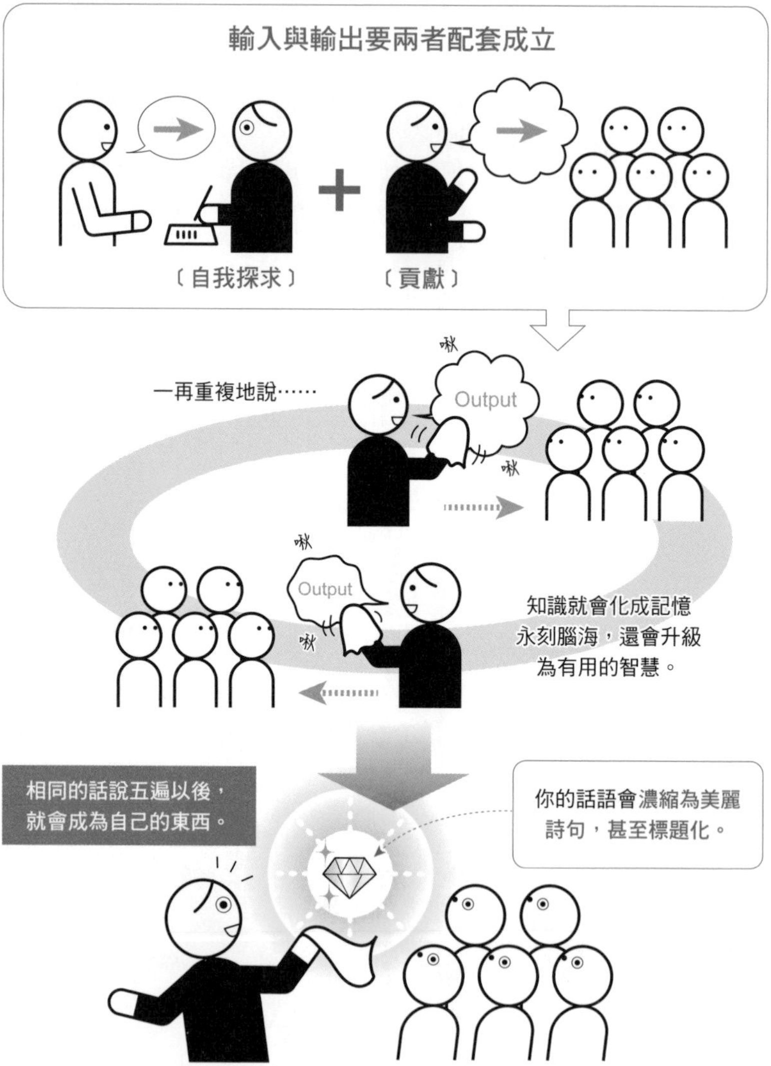
輸入與輸出要兩者配套成立
〔自我探求〕
〔貢獻〕
啾
一再重複地說……
Output
啾
啾
Output
啾
知識就會化成記憶
永刻腦海，還會升級
為有用的智慧。
相同的話說五遍以後，
就會成為自己的東西。
你的話語會濃縮為美麗
詩句，甚至標題化。

是說到第五次時，就算沒有筆記，你也能侃侃而談。這種感覺就好像沒有輔助輪，也能平穩地騎著腳踏車。

於是，在你重複說給別人聽以後，學習就成為你的所有物，沒人搶得走。學習就深刻在記憶裡，成為你的東西。感動的情報絕對不可能獨占，因為它本來就是為了憾動眾人靈魂才存在的。**沒有跟人分享的話，再棒的知識也不過是知識罷了，永遠不會成為你的東西。**

**提升學習價值的捷徑就是不吝嗇地與人分享，重複傳達給他人知道。**

36

最高學習法

**與人分享的過程中，學習到的知識才會成為你的所有物。**

37 HOW TO LEARN

# 對講師而言，講座也是他的學習現場

在第二章與大家分享了講座是是學習素質的最高園地，對講師來說也是。如前所述，每次講座結束後我都會被大家取笑：「你真的全神貫注在記筆記呢！」

回想現場聽到的話，畫成圖表，再將接收到的印象圖像化，還要把浮現的靈感記下來，真的是片刻不得閒。

隨身攜帶筆記本，就算馬上參加另一場講座，也能立刻集中精神聆聽。這個過程等於在**下載講座，再自我檢視一次**。

我從二十幾歲開始，就不斷重複著這樣的過程，以及重覆思考演講中打動人心的金句，連**前輩們風趣的交談，也一字不漏地記下來**。我迄今依舊善用「完全複製」對方話術的方法，對我而言，筆記本或記事就是我輸入的痕跡，也是輸出的根源。

回顧這些文字，再附加檔案放在部落格上，再一次用鍵盤把這些文字敲打進去，在腦中整理消化，就會將講座的內容深深烙印下來。在做筆記的同時，了解講座內容，**透過文字展現講師的個人特色，尋找講師說過的話並加入適當文字和圖解，努力將講座整體氛圍忠實重現**。再回頭閱讀時，就會想起當時真實的情景。

我會將所學確實整理歸納，並且在自己的講座介紹。也會跟碰面的朋友說：「上次的講座說得太棒了。」然後就跟他分享，分享的同時也讓重要元素更深刻烙印腦海中。

反過來說，**能在講座中分享的話，可以立刻清楚參加者的反應**。跟朋友聚會喝茶時也是一樣，任何場合都能與人分享，同時再編輯整理。然後就會有各種體悟，譬如「上一次的發言順序可以讓聽者了解得更透徹」、「這樣的話，中途的氛圍會變得輕鬆，緊張感會消失」、「試著用更簡短的話說明，不知道效果如何？」、「前後對調的話，應該就聽得懂了！」等等。

**在不斷修正的過程中，你的講座內容會更有深度與廣度，內容會更豐盛，進化為優秀的講座。**

連艱澀難懂的內容，也能用淺顯易懂的話術表達，而且保證整個課堂是笑聲不斷。

相反地，在不斷的整理和輸出的過程下，有的話題會與主題漸離漸遠，最後被遺忘。

哪天再度對不同的話題產生共鳴，感動的感覺又會回來。在點連成線的瞬間，喜悅真是無可言喻。

就像在夜空閃爍的星星，因某人的想像力而化身為星座。於是就有故事誕生，人們也為之著迷，那個瞬間讓我心動不已，因為已經開始有了化學變化。

學了以後，把它說出來，請一定要養成這個習慣。

如果你前幾天去聽了講座，可以籌辦一個講座報告會。把同儕或下屬當成聽眾，由你召開一場小型講座。對學習過的你及聽講的同儕而言，這場報告會是很有意義的。

只要養成這個習慣，萬一你無法參加其他講座，也可以拜託其他人出席。原本只是好友團體，將進化為智囊團，大家一起分享學習。**從話術觀點來看**，**關鍵在於次數**。場數是讓才能發揮，得以開花結果的因素。你不是口才不好，

## 《連卡內基也佩服的 7 堂超溫暖說話課》講座開始前的準備資料

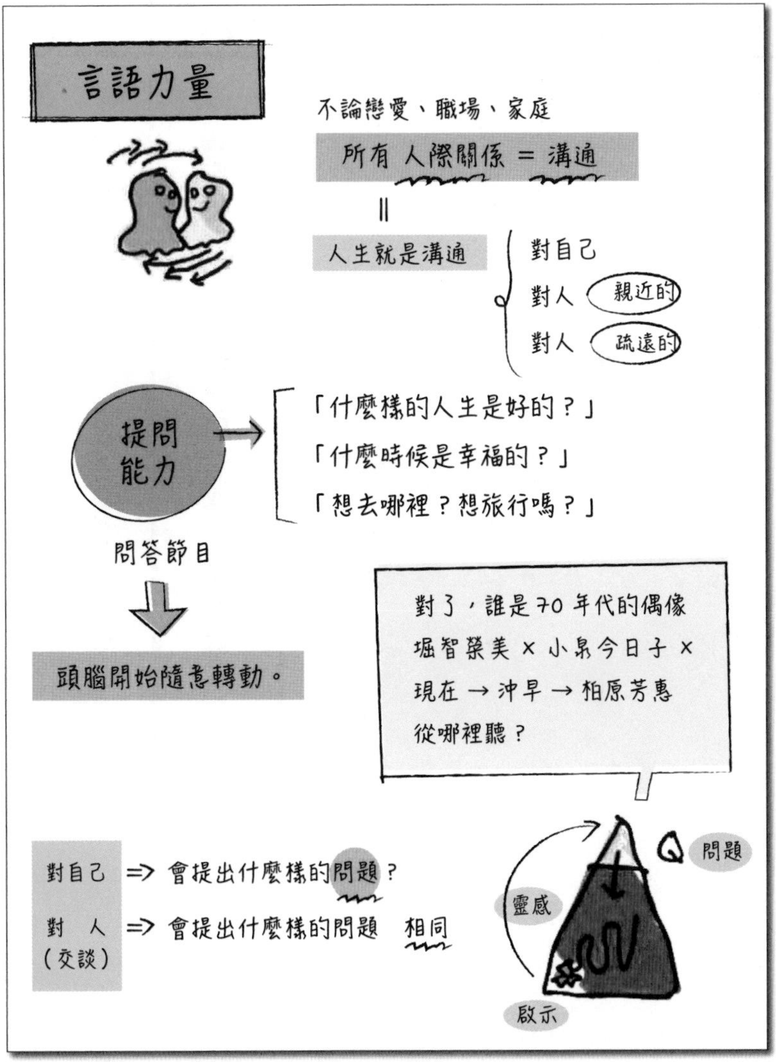
言語力量
不論戀愛、職場、家庭
所有 人際關係 = 溝通
||
人生就是溝通
對自己
對人 親近的
對人 疏遠的
提問能力
「什麼樣的人生是好的？」
「什麼時候是幸福的？」
「想去哪裡？想旅行嗎？」
問答節目
頭腦開始隨意轉動。
對了，誰是70年代的偶像
堀智榮美 × 小泉今日子 ×
現在 → 沖早 → 柏原芳惠
從哪裡聽？
對自己 => 會提出什麼樣的問題？
對 人（交談） => 會提出什麼樣的問題 相同
問題
靈感
啟示

而是表現的次數少。

二一一頁的範例是我在講座開始之前所做的準備資料。

37

最高學習法

**講座是透過輸出檢驗學習成果的最佳舞台。**

38 HOW TO LEARN

# 準備好能定期發表訊息的媒體

以前說要寫日記，卻總是辦不到，無法持續。暑假的圖繪日記作業都是等到暑假結束前才一股作氣完成。我想有過類似痛苦經驗的人應該不少。不過，現在又是怎麼一回事呢？最近幾乎每個人天天在寫日記。現在是人人公開寫日記的時代，而且是前所未見。

假設打掃老家的儲藏室，找到了爺爺的日記。這時你心裡一定會好奇：「當時爺爺都在想些什麼？做些什麼事呢？」翻開日記一看，上面寫著：「吃了蕎麥。嘿，我喜歡十割蕎麥。」這樣的內心悸動是讓人無法招架的。

**在現代，子孫是可以如上述那樣，隨時隨地偷窺你過去的行為軌跡**。這份軌跡只限於以電子資料留存。是不是覺得好像有點不舒服？據說人會死兩次。一次是真正死亡之時，一次是你從眾人的記憶中消除之時。持續發文，軌跡就會留在網路上，你的經驗會成為才智，還有可能留於家譜中。

其中像留在「打工笑談影片」的記錄，搞不好就有人當成傳家寶，留在族譜圖呢！未來的子孫會一直見到你。因此，**現代是一個人人都能成為發文者的時代**。

你有經營 SNS 嗎？你都發表什麼樣的文章呢？在這個人人都是發文者的時代，我們是不是只能以接收者的姿態存在？是不是該站在發文者的角度來思考呢？或許會因為這本書，讓你的人生有了巨大改變。也許每天都過得耀眼快樂，搞不好你會每天持續學習。這時候，**經營部落格就是不錯的選擇**。聽到部落格三個字，或許你會覺得過時了。

有不少人認為部落格是不久之前流行的東西，不過，當今網紅最重要的發訊源，依舊還是部落格。部落格就是你的發訓基礎。時代的趨勢瞬息萬變，過個幾年，可能一切都物換星移。SHOW ROOM、Tik Tok、Instagram 等的強大發訊源陸續登場。

即便如此，我還是想推薦部落格。因為部落格是各種情報的園地。

## 「消化學習之物的園地」

「發送學習訊息的園地」
「傳達想表達之事的園地」
「加深閱讀者理解度的知識提供園地」

部落格的內容會影響受歡迎的程度。**想對自己該發表哪種類型的內容進行市場行銷調查，部落格是一個很棒的工具**。把部落格當成是讓大家來瀏覽的資訊中心，同時利用推特或網誌告知大家你所發送的訊息。

情報發訊源真的是越來越多樣化。比方說，電子書和 Pdocast 也是很棒的發訊源。最近還有優秀的 App「Himalaya」，許多名人、無名人士都透過這裡發表各種有利情報（參考六十八頁）。

不過，我還是認為部落格是最能正確傳達你想表達事物的工具，最能將你所想的，清楚與大家分享的魅力園地。而且，部落格也是儲存自己寶貴資料的便利儲藏庫。

或許有讀者有「該寫什麼好？」的疑問，因而裹足不前。不過，開始寫遠比寫什麼重要。我在一九六頁專欄介紹我開始寫部落格的經過。

## ■ 準備好定期能夠發表訊息的媒體

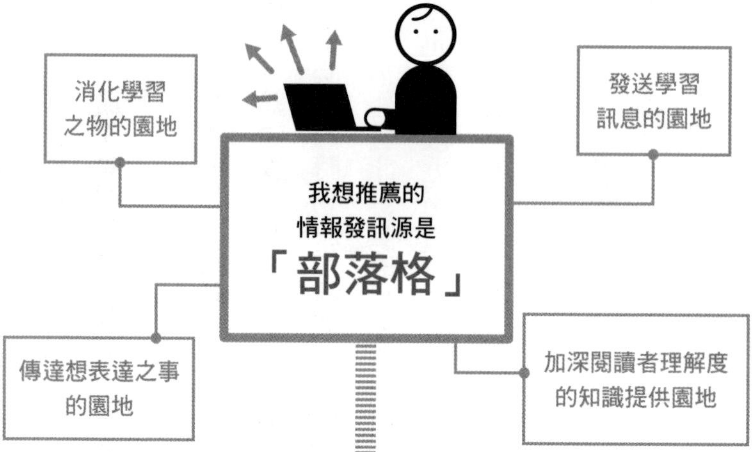
消化學習
之物的園地
發送學習
訊息的園地
我想推薦的
情報發訊源是
「部落格」
傳達想表達之事
的園地
加深閱讀者理解度
的知識提供園地

■雖然陸續有各種強大的發訊源登場，但對網紅來說，部落格依舊是最重要的發訊源。

■想對自己該發表哪種類型的內容進行市場行銷調查，部落格是一個很棒的工具。

**■開始寫比寫什麼重要！**

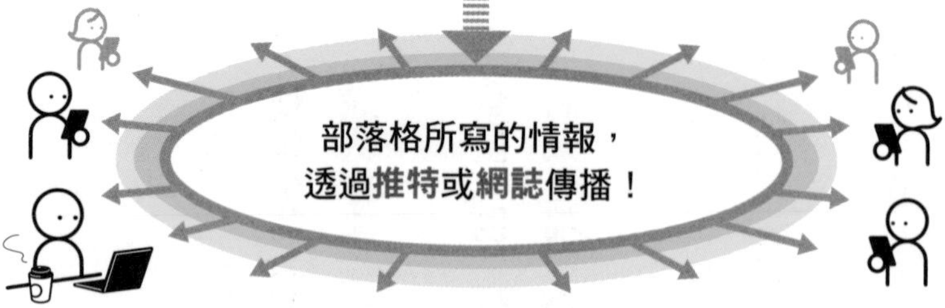
部落格所寫的情報，
透過推特或網誌傳播！

**請多多發表有價值的情報！**

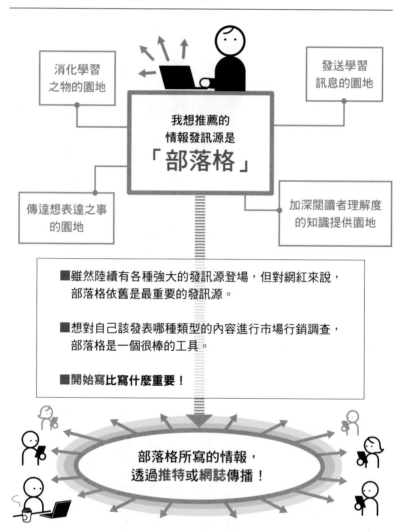

現在的我都在寫讓自己心動的事物，或是閱讀新聞報導時，看到讓我驚訝的事也會寫下來。比方說，當我聽到「日本是全球排名第四的移民國」時，馬上上網搜尋相關資訊，當時的驚訝就成為寫部落格的起點。

或者當我在想「這個月的我真是差勁，下個月一定要表現得更好」時，就會把「怎麼會變成這樣？該做些什麼事？」等想法寫在部落格裡。**當你發訊時，重點在於貢獻，這個作用不是只限於部落格而已**。

請你多多發送有利情報，閱讀以後得到的情報、讓人振奮的情報、獲得救贖的情報、讓人變好的情報、讓身邊人驚訝的情報、讓人充滿鬥志的情報和療癒的情報等等，都可以多加發布。

38

最高學習法

**挑戰經營部落格，發送對瀏覽者有益的情報。**

39 HOW TO LEARN

# 提供價值，予以社團化

我在上一個單元提過，當你持續不吝嗇提供有益情報，造成口耳相傳的效果，就會有許多人聚集在你身邊，他們等於是你的粉絲。在人人都可以成為自媒體的現代，如果能發表有價值的情報，就能網羅到相同價值觀的朋友。

不過，說反話也會成真。如果你時常散發負面情報，自然就會招來同樣負能量的人。

於是，你就得再發送更震憾的負面情報，導致負面發文或行為過度氾濫。在這個很容易讓別人聽到自己意見的時代，更要謹慎發文，希望培養適當的情報發送能力。

透過情報發文，**有了粉絲後，建議你舉辦聚會或社團活動**。用商業用語比喻的話，稱這種現象為「包圍策略」，也就是將具有相同價值觀的人同儕化。因為每位參加者的價值觀相近，應該會是一場歡樂的聚會。

透過有價值的情報募集人群，聚會當中又有許多志氣相投的朋友，絕對能讓參與者獲得最大的滿足感，等於你提供了一個最棒的場地。將所有參與的人列表化，就能隨時傳送你已發布的情報給他們。

這個行為等同在定期通知大家「部落格更新了」一樣。**當你下次舉辦活動時，就不會再有人懊悔地說：「唉，要是知道的話，我一定會參加。」不怕會有漏網之魚。**

關於提供給同儕的情報，你要採取分類的方法，打造免費與付費的差異性，營造出尊榮感。那麼，**免費資訊與付費資訊有何差異呢？**當然不是說免費的資訊就隨便亂寫一通。

而是要對付費的人營造出特殊感，譬如舉辦只有付費的人才能參加的活動，或者提供可以提早預約的權利，製造只有成為粉絲的人才能享受到的特別機會。

而且，當你能跟聚集而來的每個人維持互動關係，我認為這就是現代化的魅力，也就是將聚集而來的人予以社團化。

在這樣的聚會場合會有美麗的邂逅，彼此交換情報，進化為更具價值性的社團。這樣的進化形式就是所謂的「線上沙龍」（Online Salon）。在這之前，所謂能對不特定的多數人發佈訊息的人，主要侷限於能夠在電視台或廣播電台出現的媒體人。因此，他們就擁有了嶄露頭角的機會。

然而，在現今世代，任何人都可以向全世界發佈訊息。每個人都能夠架設社團，很有可能因此就產生了專利權。搞笑團體金剛的西野亮廣先生常會聊到與信用有關的話題，他說，以利他的心提供價值，**累積信用的話，哪一天就會發展為可以用信用來換取金錢的社會**。

我們稱這樣的方式為「GIVE 教育」，就是施與。先對人施與，因為懂得奉獻的人最活躍的時代已經到來。

當社團成立後，就會出現想主動幫忙的人。他們不是為了利益而行動的人，會比當成是工作要賺錢的人更受歡迎。**無償奉獻沒有極限**，於是便出現相輔相乘的效應，甚至開始良性循環。

我好像遠離學習的話題了，不過，透過這樣的學習輸出，持續提供無償價值的話，你的粉絲會越來越多，甚至發展到成立社團。

粉絲聚集後，就會誕生商業價值。在往後的時代，製造粉絲是職場上能夠

## 提供價值，社團化

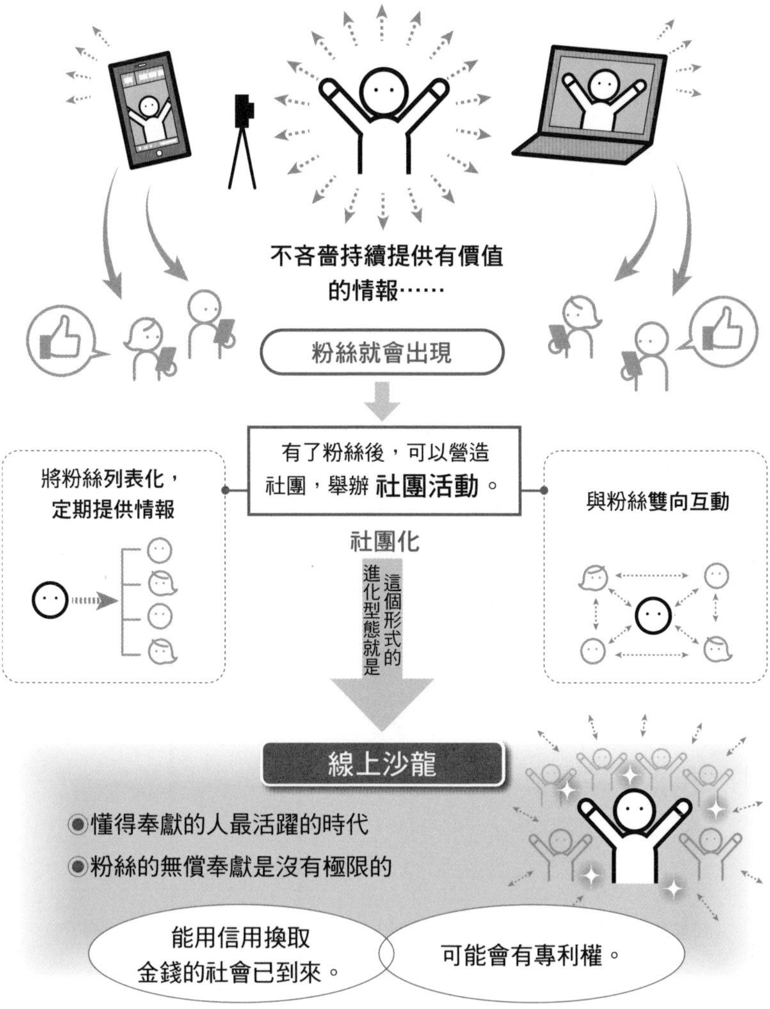

不吝嗇持續提供有價值的情報……
粉絲就會出現
有了粉絲後，可以營造社團，舉辦社團活動。
將粉絲列表化，定期提供情報
與粉絲雙向互動
社團化
這個形式的進化型態就是
線上沙龍
◉懂得奉獻的人最活躍的時代
◉粉絲的無償奉獻是沒有極限的
能用信用換取金錢的社會已到來。
可能會有專利權。


**擁有粉絲是職場成功的捷徑。**

成功的捷徑。此外，這個絕對是給予永續經濟（Sustainable Economic）更強力支撐力量的原動力。

39

最高學習法

**以利他之心持續提供價值，就能成為朋友。**

40 HOW TO LEARN

# 分類使用免費網誌與付費網誌

最後一章的主題是輸出，最後想針對主流工具之一的網誌稍做說明。**首先想介紹的是免費網誌**。

有一天我突然覺得網誌是很棒的東西，卻遲遲沒有啟用，所以決定透過錯誤嘗試的方式來強化網誌的使用技巧，首先請試著發文看看。如果你選擇「Magmag」等已經架設網誌的服務，不需要拿首期投資金就可以開始發文。不過，有時候會拿不到電子信箱資料。

如果是我，我不會在意眼前的花費，**一定會拿出一定的投資金額，只為了取得點子信箱網址名單**，這個會成為未來的資產。如果先拿出錢投資有困難，就選擇免費的網站開始嘗試。

那麼，在此針對免費網誌與付費網誌之間的差異簡說明。簡單來說，請把**免費網誌想成是低畫素元件，付費網誌是高畫素元件。簡單來說，低畫素元件**

就是文字和照片資料。相反地，高畫素元件就好比是音源和影片資料。

如前所述，我們只要花幾年時間就把上個世代一輩子會接收到的情報全部接收了。因此，現在的重點不在於該接收什麼樣的情報，而是該捨棄什麼的取捨選擇能力。

早在很久以前，我們就捨棄了一到晚上七點，全家人聚集電視機前的生活型態，以在每個人喜歡的時間，使用喜歡的方法的形式來接收情報。在這樣的時代一邊做其他事一邊吸收情報是最適當的方法。

「邊做〇〇事的同時也得到情報，因為想快速得到結論。於是，與其看書，倒不如看這本書的重點整理的人變多了，趨勢會演變為看影片比看書的人多或用聽的比用看的人多也是理所當然。

**雖說影片的畫素比音源高，可是影片並不適合一邊看一邊做其他事**。反而現在越來越多人一邊工作一邊看 YouTube，而且只聽聲音而已。由此可見現代人多生活是多麼忙碌。

我自己是採取收費形式，來固定發送一分鐘講座的情報。以「拓巳大學」之名，每個月一分鐘的影片和一分鐘的音源各上傳兩部，也就是共上傳四部影片，月繳五百日圓，就會把這些資料送給你。

不論影片或音源，需求就是想短時間學習，這方面的需求是越來越強烈。我透過這個「拓巳大學」把我因學習而感到震撼的事情，即時而且簡單扼要傳達給大家知道。

**過去的影片和音源是可以保存下來，這個收費元件本身就會成為一座知識圖書館**。等車、開車、下廚、突然覺得沮喪或上廁所時，只要一想到能在空檔的短短一分鐘，傳送各種不同的新情報，內心就雀躍不已。

此外，我每個月會製作附上我的插畫月曆，也會上傳圖片，跟名人的對談音源也會一併附上。等我察覺時，對談資料也累積得相當龐大，簡直就是一座大寶庫。

拓巳大學成立至今，我重新有了這樣的想法，**登錄為付費網誌會員的各位就是我的核心粉絲**。因此，我想提供品質更優的服務，未來我也會持續努力。

我希望提前公布活動資訊給會員，也想以會員限定折扣價讓會員買到托特包之類的獨家商品，想提供只有會員才能擁有的優惠，希望讓會員感受特別的價值與招待。

## ■ 準備定期發訊的媒體

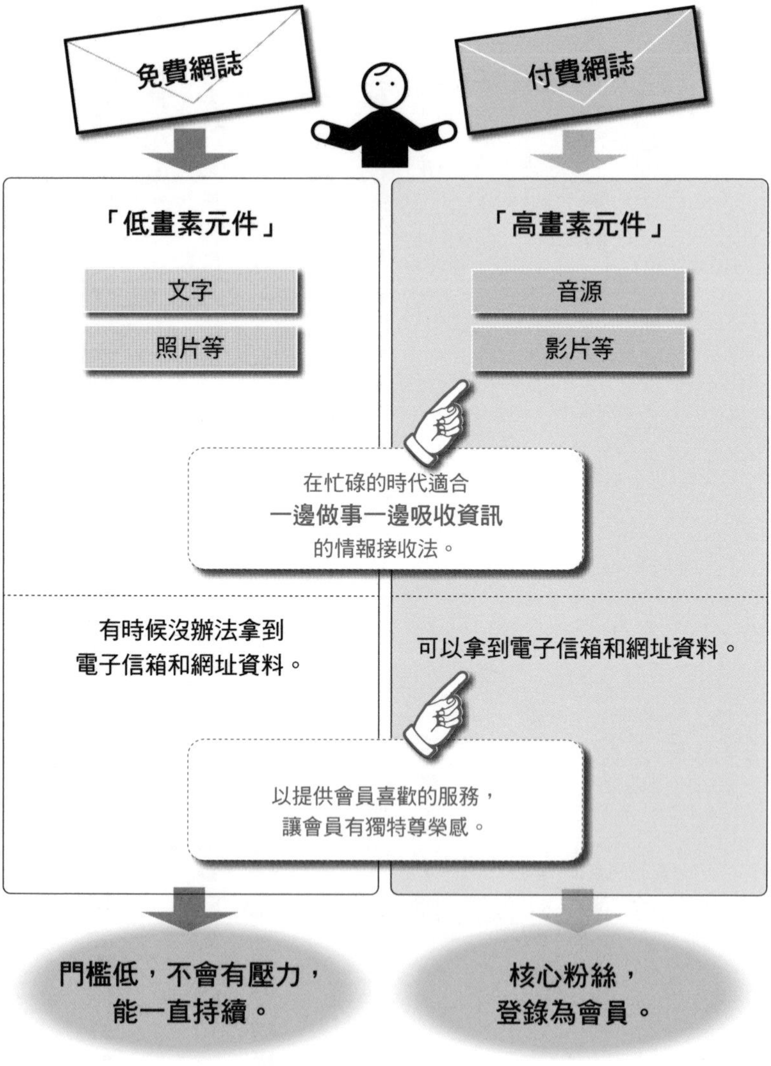

免費網誌
付費網誌
「低畫素元件」
文字
照片等
「高畫素元件」
音源
影片等
在忙碌的時代適合
一邊做事一邊吸收資訊
的情報接收法。
有時候沒辦法拿到
電子信箱和網址資料。
可以拿到電子信箱和網址資料。
以提供會員喜歡的服務，
讓會員有獨特尊榮感。
門檻低，不會有壓力，
能一直持續。
核心粉絲，
登錄為會員。

還有，也讓會員參與下一本新書的編輯會議或雜誌的採訪活動，讓會員感受到特別禮遇招待會員參觀平日不公開的幕後情況。我想像這樣不斷更新服務內容，更投會員所好。因為會員都是核心粉絲，我更想提供平日沒有的特別機會給他們。

40

最高學習法

**視情報的價值高低，分類使用免費網誌與付費網誌。**

專欄 6

# 一直存在我內心深處的學習理由

我在「居酒屋甲子園」認識的朋友大嶋啟介先生，是以參加甲子園比賽為目標的高中棒球隊贊助人。因為他的關係，許多學校都有資格參加甲子園比賽。有一天我問他：「你是如何激發學生們的鬥志？」他說：「感謝函超有用。」

「感謝函？」

「是。在夢想已經實現的狀況下，寫信給想致謝的人」

這種行為稱為「預先祝賀」，在接受挑戰前或願望實現前，先讓人體會到喜悅的感受，確實是高招。

你也曾試著寫感謝函嗎？一旦提筆寫，搞不好會忍不住地嗚嗚大哭，眼淚直流。以參加甲子園賽為目標的選手們會跟其他選手一起朗讀自己寫的預先祝賀函。我也試著對朋友這麼做，雖然害羞到極點，但是一開始唸：「父親，謝謝您。我終於達到夢想的○○，也謝謝您的關照……」那種感動是超乎想像的強烈。選手們哭了的同時也大笑，也知道每位隊員的致謝對象是誰。

「我寫感謝函給為了讓我進甲子園，而決定不繼續升學念高中，而是去賺錢的哥哥。」

「我寫信給幫我取名為球兒，人已經在天堂的爺爺，能讓他看見我在甲子園投球的身影，他一定很開心。」

「雙親為了讓我進這所學校，不眠不休地工作。所以，我要寫感寫函給我的父母。」

當他們知道彼此想取悅或感謝的對象是誰以後，整個團隊的氛圍又不一樣了，會升級為更棒的團隊。不論是練習時的態度或心態，全部都不一樣了。

現在再回到學習的話題。

我為什麼要學習呢？

是為了什麼而想成功呢？

成功了，想讓誰開心呢？

當我試想在我內心深處竄動的理由後，得到了一個答案。我發現我想讓父親開心，我想看到父親稱讚我「你真的很棒」時的開心樣子。父親離世已過了快二十年。不過，迄今如果我做了什麼值得跨耀的事，還是會這麼想。

「爸，你看到了吧？你是不是覺得你兒子很棒？」難道這是因為小時候老被嫌差勁的反撲行為嗎？還是因為高中時，父親有來田徑場，幫我從預賽開始的所有參賽情況都錄影起來，當時覺得很開心，偶爾回想起當時的喜悅，才想繼續學習嗎？

當時我以四百公尺跨欄賽選手的身分，一路闖進三重縣縣運動大會複賽時，雙親有來看我比賽，我還跑去和待在觀眾台的雙親見面，當時的景象至今依然歷歷在目。

父親把我參加初賽和複賽時的情景全部錄影下來，讓我當做前進決賽的參考資料。比賽結束後回到家，看到賽場上的影片，我真的嚇一跳。平常幾乎不曾稱讚我的父親對母親說：「拓巳是跑第幾名？拓巳跑得怎樣？為什麼沒看到他！」他對母親說出真心話的聲音全部都錄下來了。

頓時全身發熱，我想那一刻的印象一定非常強烈。雖然現在父親已經不在了，我還是想對他說：「爸，你看，你兒子比你想像中還棒吧！」

而且，我想得到老爸的稱讚。我想證明：「我比你想像中還行呢！」然後，我想起小學時的同學。我想讓他們知道：「那個超土的鄉巴佬拓巴到了東京，而且成就這麼棒！」我想跟他們說：「那個老是掛著兩行鼻涕的小鬼阿拓現在是職場紅人，還出了書，舉辦講座感動很多人！」

我一定很希望那些知道我在小學時是多麼邋遢和愚笨的同學們，能給我高度評價：「那個拓巴真不簡單啊。」我想看到他們驚訝的表情。這大概就是在我內心深處一直想成功的理由。雖然有點不好意思，這麼赤裸裸地向大家告白。然而，這就是讓我一直想持續學習的動機源頭。

＊＊

前幾天跟在壽險業相當成功的年輕人見面，他說在高中時期好像因棒球而有過辛苦的經歷，當時人生沒有什麼目標。他說，過度執著於目標，就會變得不像自己。我問他是為了什麼目的而努力。

他說：「想給身邊人打氣！想讓他們擁有笑容！」我也有一樣的想法，不過，仔細詢問後，才發現我們其實不一樣。他在交談過程中，突然說了：「我根本沒有什麼目標！」

我想確認自己是否聽錯了，於是問他：「連0.1公分也沒有？」他斬釘截鐵地說：「是的，連0.1公分也沒有！」他是保險公司的員工，沒有訂立目標，可以在這一行待下去嗎？當時我心中滿是疑惑。

可是，他的業績完全沒問題，而且很輝煌。即使我問他：「為了什麼在努力？」他還是回答我：「我一向不努力！」、「大家不是都會說『新客人』或『目標客人』嗎？我討厭那樣的說法，我從不跟新客人見面。」

他說，給身邊的人帶來笑容與活力。只要抱持這個信念去做，未來就會有好運等著你。以下是他跟我對談的內容，跟大家分享。

「大家都說『早上就以幸福的心情開始吧！』可是我卻認為：『接下來並不是開始，而是結束。』我甚至會想：『就算今天死了也沒關係！』然後我就抱著『要讓今天跟我見面的兩個人或三個人們展開笑顏！』的心情出門。如果硬要給自己訂立『三個人』的目標，會覺得很痛苦，所以我不想目標明確，就說『兩個人或三個人』，才不會有壓力。如果我能做到，一年裡就能讓一千人展露笑顏。」

他在說這些話時，臉上一直帶著微笑。翌日，我跟朋友見面，並分享這些話時，我那位朋友評論這位在保險公司上班的年輕人是「開展型的人」。接下來我的朋友開始分析：「像我們這樣是目標達成型。」（其中也有複合型）

照著自己的人生課題而活，以自我主軸而活。「讓身邊人展開笑顏」、「讓人開心」、「稱讚別人的優點」等等，這些就是開展型人格的特徵。當你抱持這樣的原則生活，就會產生同調性，新的局面展開，人生也往好的方向走，因為這樣才說是展開型吧。

平成時代出生、長大的人，有許多人是展開型人物。就像我們以前對泡沫經濟時代的人嗤之以鼻，令和時代出生的人搞不好也會嗤之以鼻，笑我們是「目標達成型」。

我很清楚知道什麼是重要的，我從開展型這個名詞，想到了奉獻的概念。

最近我也聽過這樣的話。「把自己想要的東西送給別人，就會在未來送來你想要的東西。」

這句話的意思好像在說，終日忙碌，想擁有更多時間的人，應該把時間提供給比自己還忙碌的人。想有錢的話，就把錢奉獻出去。

有個想當總統的人，問輔選的人該如何做才能當選總統，那位輔選者告訴他：「請支持跟你擁有相同志向的人。」，也就是要他去支持競爭對手。各位相信這麼做就能當選嗎？可是事實上，這位想當總統的人真的高票當選，現在依舊在總統的位子上。

這本書的最後一個專欄，就是分享最近最讓我大受震撼的一段故事。

後記

# 學習是與未來的約定，也是通往未來的護照！

感謝各位閱讀到最後。本書從各種觀點來考察學習這件事，如果能對你往後的學習有所幫助，甚感榮幸。

這次在撰寫本書時，我也想過自己到底想知道什麼，想學習什麼問題。我應該是想**透過學習來明白真理**，我想知道生存的奧義或人為何而生、人與人之間為何有所關聯等的真理，所以學習。

我一直認為，如果能從某本書看到這些答案，就可以不用那麼迷惘。不久前跟朋友聊天時，他說了這樣的話。

「阿拓啊，十年前的你在做什麼？」

「咦，十年前嗎？感覺好像◎◎◎！」

「你會不會覺得十年過得很快？」

「是啊，過得很快。」

「阿拓啊，還有兩個循環會來喔。」

是的，兩個循環。再過二十年，我已經七十四歲了。那時候，我會變成什麼樣的人呢？在那之前，該學習什麼呢？俯瞰人生，打造十年後、二十年後的自己。我已經有年紀了，沒有閒暇去回顧過往。

要經常自我更新，對於有更新癖的我來說，這是最適合的方法。持續更新的我，未來會是什麼樣子呢？是否真的會照自己所勾勒的未來藍圖發展呢？我很期待結果是什麼。

我跟我在紐約經營的拉麵店「拓麵」的夥伴們，一共有五十幾人舉辦派對時，在那個會場我突然想起一件事。像我這種出生鄉下，什麼事都不會的笨小孩，現在竟然在紐約開店。如果有人對二十幾歲的我說：「將來在你五十歲的時候，你會在紐約開店，跟你的夥伴一起開派對」，打死我都不相信。

如果過去的自己乘坐時光機出現在我面前的話，我想驕傲地對他說：「你看，我在紐約開派對呢！」還要對他說：「因為你持續學習、不斷更新，才有今天的局面！」好吧！請你也從現在開始，**在你能力可及的範圍深入研究吧**。

我已經不是聯考生，不需要綁布條，立志努力學習。如本書所述，打開你的情報接收天線，對於吸引你的事物深入研究看看，這就是學習的入口。就像建造雨水通道，剛開始很細小的道路會漸漸擴大，就會變成一條河那樣流動。那條河會帶著你朝未知的世界、嶄新的未來前進。

**請透過學習，擁有描繪新人生的顏料**。當時光機載著小時候的你來到面前時，你可以抬頭挺胸地向他訴說自己的成就！

山崎拓巳

■參考文獻（內文有介紹的除外）

◎《成功生物論【超進化論】——只要不放棄，人生一定會翻轉》（田中克成著／日本絆出版）

◎《筆記的魔力》（前田裕二著／台灣天下雜誌出版）

◎《預先祝賀的效果 提前祝賀法則》（Hisui Kotarou、大嶋啟介著／日本Forest出版）

◎《來自大富豪的信》（本田健著／日本鑽石社出版）

■參考的演講、講座、故事（依五十音順序）

池田貴將先生、大嶋　介先生、小田真嘉先生、佐藤富雄先生、傑・亞伯拉罕先生（Jay Abrahan）、詹姆士・斯奇納先生（James Skinner）、陶山浩德先生、高城剛先生、高橋步先生、田中克成先生、田中由一先生、為末大先生、苫米地英人先生、中島薰先生、中谷彰宏先生、野田宜成先生、長谷川朋美小姐、平本AKIO小姐、福島正伸先生、藤原和博先生、舩井幸雄先生、古田真一先生、本田健先生、本田晃一先生、麥可・羅奇先生（Michael Roach）、四角大輔先生

＊在此向提供參考資訊的各位致上最高謝意。

國家圖書館出版品預行編目資料

全圖解！厲害的人如何學？: 用最小輸入讓效果極大化的 40 個最高學習法 / 山崎拓巳作；黃瓊仙譯 .-- 初版 . -- 臺北市：三采文化，2021.04 -- 面；公分 . --（Mind Map：224）
譯自：最高のアウトプットができるスゴイ！学び方

ISBN 978-957-658-517-3（平裝）
1. 學習方法
521.16　　110002992

suncolor 三采文化集團

Mind Map 224

# 全圖解！厲害的人如何學？

## 用最小輸入讓效果極大化的 40 個最高學習法

作者｜山崎拓巳　譯者｜黃瓊仙
日文編輯｜李媁婷　美術主編｜藍秀婷　封面設計｜李蕙雲
版權經理｜劉契妙　內頁排版｜陳佩君

發行人｜張輝明　總編輯｜曾雅青　發行所｜三采文化股份有限公司
地址｜台北市內湖區瑞光路 513 巷 33 號 8 樓
傳訊｜TEL:8797-1234　FAX:8797-1688　網址｜www.suncolor.com.tw
郵政劃撥｜帳號：14319060　戶名：三采文化股份有限公司
初版發行｜2021 年 4 月 16 日　定價｜NT$360
2 刷｜2021 年 4 月 20 日

Saiko no output ga dekiru sugoi! Manabikata by Takumi Yamazaki